Advertisement
Design

ADVERTISEMENT
DESIGN

广告设计

主　编　曹大勇　林晓峰

副主编　赵　敏　彭嘉骐　王健雄

辽宁美术出版社
LIAONING FINE ARTS PUBLISHING HOUSE

前　言

　　广告具备满足消费者需求的特性，决定了其对于社会发展的脉动具有深刻的洞察力，不仅在经济领域拉动市场进步、引领消费分众化方面发挥着主导性作用，而且在传承民族文化、强化文化自信、弘扬民族品牌方面也发挥着公益性的社会功能。伴随着5G网络的普及、移动终端和新媒体的迅速发展，我国正逐步进入"全民在线"的传播时代，极大地提升了广告信息传播的自由度与广泛度，广告传播形式越来越丰富，涉及的专业范围也越来越广。在吸收绘画、摄影、民间工艺、实验艺术等专业知识的基础上，还融合了视觉美学、设计心理学、市场营销学、传播学等众多学科的知识，其创新理念、设计方法也不断呈现出新的时代特征。在我们身边，不论是商业广告还是公益广告，每一个优秀的广告作品都是设计者智慧和创意的成果，是与社会大众沟通和交流的桥梁，是传播广告信息、推广消费观念的载体。其创作既是一个艺术与技术完美结合的过程，也是一个理性思考与心理交流的过程。因此，广告设计并不是一个单纯的技能学习，而是综合专业知识的应用，需要融合现代商业营销理念，以人为本，在市场调研的基础上实施精准的品牌定位、科学的传播策略、优秀的广告创意、精良的广告制作，为社会经济中的品牌（产品）提供市场竞争力和文化赋能。

　　本教材由高等院校一线的教学团队与行业专家共同编写，结合湖南柒雲品牌设计公司的实战案例分析，建构以广告项目的工作过程为逻辑思路的任务章节，增强了广告设计的实践性，有针对性地解读课程学习任务中的重点难点。当然，为体现案例内容的宽泛度与新颖性，部分图片及案例也取材于网络，如有涉及版权问题，请联系我们。由于教材成稿时间有限，书中难免存在纰漏和不足之处，也恳请专家同行及读者批评指正。

目 录
CONTENTS

后记

Winter
solstice Festival 冬至

Spring
Beginning 立春

Pure
Brightness 清明

模块一

课程导入

MODULE ONE
COURSE IMPORT

课程简介 ///
本课程结合职业技术教学的特色，使学习者通过对广告活动中广告策略、创意思维和设计方法的学习，能够独立完成广告设计项目的创意与视觉表现。

知识储备 ///
具备手绘造型能力、软件操作与应用技巧能力、图文设计基础能力。

课程学习目标 ///
培养有观念、懂概念、有社会洞察力、有创意审美能力的广告人（平面设计工作者）。

模块一　课程导入

一、课前知识储备

广告设计是一门创意思维综合应用的课程，要求学生不仅要具备基础的手绘造型能力、掌握相应软件的操作及应用技巧的能力，而且还需要具备美学鉴赏、思维创意分析、文案撰写、设计表现及独立完成设计项目的实践应用能力。在学习本课程前，需要掌握的知识和技能主要有以下几点。

（一）手绘造型能力

手绘能力是表达设计的基础手段，虽然在广告设计实践中所占的比例不大，但却是非常重要的基础技能。广告设计的前期创想，需要通过手绘快速地呈现创意思维的多种可能，为后续深入设计提供预设的创意引导和表现方式。

（二）软件操作与应用技巧能力

广告设计的视觉表现主要通过相应软件的操作及应用来达成对图形图像、文字、色彩等设计元素的组合与艺术处理，表达广告的目的和意图。在广告设计中要根据广告设计类型的不同而选择不同的设计软件综合应用，如平面广告设计主要运用PS、CDR、AI、C4D等软件进行图文设计；影视广告剪辑主要运用PR、AE等软件进行视频编辑、特效处理；动画广告设计主要运用AE、C4D等软件进行图形造型和声画动效制作；等等。虽然这些设计软件能为广告作品的设计提供强大的效果加持作用，但任何软件都不是广告设计的学习重点，它们仅仅是设计师或者艺术家表达创意的手段而已，当然，软件操作与应用技巧的优劣决定了广告作品的视觉效果。

（三）图文设计基础能力

图文设计的应用面广泛，广告设计对图文设计的基础能力与应用要求也非常高，除了需要熟练掌握设计软件的图文应用之外，还需要具备对文化潮流趋势的敏感嗅觉，文献检索及资料分析能力，以及对市场发展的洞察力。只有更了解行业发展趋势及设计的潮流走向，才能做出贴近商业发展需要，具备人文精神和文化价值的广告设计作品。

二、课程内容认知

（一）课程简介

广告设计是视觉传达设计专业的核心课程。常规教学为60课时，3个学分。本课程结合职业技术教学的特色，通过广告活动中广告策略、创意思维和设计方法的学习，主要培养学生熟悉基本的广告设计工作流程，使其具备一定广告设计的创意开发能力与设计表现技能，能够独立完成广告设计项目的创意与视觉表现，为学生在广告设计公司、文化传播公司及相关行业从事广告宣传、广告设计与制作等工作提供必备的技能保障。

本课程具有实践性、创新性特征，课程建设坚持产教融合、工学结合，以职业岗位能力需求为依据确定课程教学目标，根据课程教学内容和学习情境组织课程教学内容。课程设计以广告设计工作任务为载体，设计了素质基础、创意开发、实践技能三大教学活动，以广告创意思维和设计表现为主要教学内容，基于广告实训项目工作过程，采取任务驱动教学模式组织教学，把课程知识理论、技能训练及职业态度培养有机融合起来，强调以职业就业能力培养为导向，以学生为中心的专业能力应用与实践。本课程要求学习者了解广告设计的策略思维，掌握广告创意和视觉表现技巧，建立起广告设计的创新思维理念，了解广告活动中的工作流程和职业技能要求，能够独立完成广告作品的创意与设计。

（二）课程特色

1. 注重"人文思想"课程思政元素的融合

本课程以职业教育发展新理念为指导，融入了中国广告设计发展历程、广告人职业素养与岗位素质要求，以及弘扬公益广告设计等课程思政内容，紧紧围绕"人文"这个主题开展崇尚理性、遵循科学、结合传统、讲求实证的教学设计，有意识地将人文思想注入广告设计创意中，教学与实践活动时时体现了"人文性"。并通过严谨的主题示范图例筛选与图释说明，强化中国广告文化、人文素养和工匠精神的培养，引导学生的文化自信、爱国情怀的养成。

2. 实现了校、企、行三位一体化共建课程内容

本课程的教学内容由教学团队与企业、行业共同开发建设。依据广告行业岗位需求，精心遴选典型案例、专家专题视频、竞赛活动、企业真实案例分析和讲评，让学习者系统掌握广告创意设计的创意方法、设计表现和操作流程，了解广告设计岗位的从业要求、协同创业方法及独立完成项目需具备的能力。提升课程实施效果，促进在校学生创新实践能力和企业广告人员业务能力的良性发展。

3. 建立"体验式"的自主学习模式

本课程建立了以学习者为中心，实现了"课堂翻转化""内容实用化""应用活页化"和"互动多样化"的自主学习模式。以项目驱动为抓手，设置有建构广告知识、开启广告活动、挖掘广告创意、提升广告技能、拓展广告素质等5个项目共11个任务，为学习者提供"必需、够用"的知识，让学习者通过独立完成单元测试、参与专题讨论、参加课程考试以及线上交流互动，获得最优学习体验，领会"任务驱动—资源整合—创意执行"的自主学习途径，促使学习者学习成果更加丰富、学习效果更加有效。

（三）课程学习目标

培养有观念、懂概念、有社会洞察力、有创意审美能力的广告人（平面设计工作者）。

（四）课程技术要求

课程学习涉及的辅助软件工具与技术要求：

· Word/WPS文本编辑软件；

· Photoshop/Painter图像处理与手绘设计软件；

· CorelDRAW/Illustrator图形剪辑与设

图1-1　　　　　图1-2　　　　　图1-3　　　　　图1-4

图1-5　　　　　　　图1-6　　　　　　　图1-7　　　　　　　图1-8

计软件；

·Cinema4D/After Effects影像特技与图形视频剪辑软件。

（五）课程学习内容

·广告知识：广告概述、广告文化、广告构架。

·广告活动：广告调研执行、广告媒体投放、广告调研报告。

·广告创意：广告策略分析、广告创意思维、项目策划报告。

·广告技能：广告文案撰写、广告图形设计、广告色彩规划、广告项目设计。

·广告素质：广告岗位能力、广告案例分析、广告项目执行。

（六）课程整体安排

课程的项目模块学习及任务实施见表1。

表1　课程的项目模块学习及任务实施

项目模块	教学内容	课程思政	学习任务	岗课赛证任务实施	周次安排（5周）
模块一	课程导入	广告文化	课程认知	解读：广告作品资料收集	1
模块二 （6学时）	广告与广告项目	广告的社会责任	广告项目解读	研讨：项目策略单	1
			广告环境分析	分享：SWOT分析模型	1
模块三 （12学时）	广告策划与媒介	务实求真 公益精神 职业素养	广告策划分析	专题：消费者洞察	1
			广告媒介计划	专题：广告策划案的撰写	2
模块四 （16学时）	广告创意与发想	团队协作 文化自信	广告创意思维	创意再设计：创意"N+1"	2~3
			广告图形创意	研讨：图形的视觉心理	3
			广告文案撰写	专题：广告诉求信息提炼	3
模块五 （18学时）	广告设计执行	文明时尚 视觉美学 工匠精神 自主探究	广告设计的表现手法（形式）	研讨：广告图文编排、色彩规划	4
			公益广告设计	专项：公益主题视频广告	4~5
			商业广告设计	协作：商业广告竞赛命题创作	5
模块六 （8学时）	广告设计评估与提升	职业自信 团队协作 视觉美学	广告作品的评价标准	专题：广告竞赛项目创意方案	5
			广告案例赏析	研讨：创意+艺术+人文+公益案例分析报告	5

模块二

广告与广告项目

MODULE TWO
ADVERTISEMENT AND
ADVERTISEMENT
PROGRAMS

课前导学 ///
广告就在身边。

课程思政元素 ///
广告文化须有社会责任。

案例解析 ///
巧借广告力量塑造国家形象。

模块二　广告与广告项目

一、模块导学

（一）课前导学

广告就在身边

请学生谈谈自己印象最深的或认为最好的广告，并说说这则广告好在哪里。以现代广告行业的发展为开篇，以广告与社会、广告的认知为主要内容，向学生展现并解读精彩的影视广告、商业广告和公益广告作品，引导学生正确解读广告的基本常识，了解广告的功能与评价，理性看待广告存在的意义，从而激发学生学习兴趣。

（二）课程思政元素

广告文化须有社会责任

广告文化的基本功能是提供服务信息、促销商品，为社会生活提供一种方式和观念的引导。所以，广告文化其实也是社会生活的一面镜子，它往往能够折射出一种社会心理，表达一种时代流行的时尚和趣味。广告文化对于社会中人们的生活观念、生活方式的选择，生活的理想和追求，都会产生重要影响。如果我们的生活里多是充满真善美情趣的广告文化，那么对创造社会的和谐美好，是非常有助益的。

一定要把握广告内容的导向和格调，坚决抵制内容低俗的不良广告，禁止设计和传播格调低下、内容低俗的非人格化的广告作品。在伦理上，积极提倡和宣传人类文明、社会道德和精神健康；在文化上，为人民群众提供健康高雅、丰富多彩的广告内容，以高格调、艺术性、观赏性俱佳的优秀广告作品吸引社会大众。唯有道德自觉、文化自觉，具有责任感和社会担当，我们社会的广告文化才会像一盏"明灯"，真正发挥广告文化宣传的作用。

（三）案例解析

巧借广告力量塑造国家形象

我国作为一个正在崛起的大国，在对外文化宣传中，广告活动、广告产品中的中国元素、中国制造、中国符号、中国风等，越来越频繁和突出地出现在全球媒介信息之中，共同建构了"中国形象"，为人们提供了对于中国历史、现状、自然、人文、生活方式和价值观的"综合印象"。

这种"综合印象"中既有对中国国家和民众行为的"反映"，也有设计师的感性和理性的"判断"；既有对中国的"认识"，更有对中国的"评价"。

中国在成长中善意的"仁忍"，有时会被一直自认为处于文化优越、经济优越和制度优越感中的西方媒介所重视、所放大，这种情况我们必须强势反击。

美国安克雷奇当地时间2021年3月18日，中共中央政治局委员、中央外事工作委员会办公室主任杨洁篪在中美高层战略对话开场白中阐明中方有关立场：我们希望这次对话是真诚的、坦率的。杨洁篪强调：美国没有资格居高临下同中国说话，中国人不吃这一套！与中国打交道，就要在相互尊重的基础上进行。

"美国没有资格居高临下同中国说话，中国人不吃这一套！"杨洁篪在中美高层战略对话上的霸气回应，铿锵有力，掷地有声，表明了我国政府捍卫国家利益的坚定决心，也表达了全体中国人对美国长期以来粗暴干涉我国内政的强烈不满，充满拳拳爱国心。这句"很中国"的大白话迅速刷屏，不仅在社交媒体上引发热议，火爆朋友圈，而且还使触觉灵敏的商家乘势推出"红色时尚"广告产品，掀起了一股"红色时尚"定制风，迅速开发出T恤、手机壳、帆布包、雨伞、打火机等各类广告宣传周边产品（图2-1）。产品紧贴时事，创意十足，让人不免由衷赞叹"中国制造"和"中国速度"，互联网+红色+时尚，拓宽了"红色经济"发展空间。

多年来，"红色经济"发展迅速，从红色景点旅游持续火爆，到红色书籍、音像制品销售畅旺，以及红色纪念品、艺术品等广告周边产品不断开发，不仅助力爱国主义教育，还推动了"红色经济"蓬勃发展，为社会进步和经济发展注入蓬勃动力。

由此，我们一方面需要巧妙地借用广告宣传的力量，呈现一个"现实"的中国形象；另一方面也要通过广告力量，展示中国文化"以人为本""兼容并蓄""共同发展"的态度，与世界文化的相互沟通、相互融合来呈现"正面"的中国。这种软性文化的塑造不仅更容易感染和影响人，而且往往也比特定的事件、人物更加持久和深入人心。所以，广告作为一种软实力，对于国家形象的塑造具有重要意义。

广告就应像是一盏"敞亮的灯"，应坚持"人文思想"的导向性，用不同的形式，从不同侧面全面展示中国的精神与和平崛起。广告发出的光便是国家内蕴的传统文化精神，期待它的光芒照进每个中国人的心灵。

二、广告认知

广告作为一种信息传播方式，是伴随着商品经济的繁荣和传播媒体的进步而不断发展的。近年来，随着计算机技术、网络技术和多媒体技术的深入应用，我国广告行业迅猛发展，广告对社会文化的引导宣传和响应也展现出强大的能量，无时无刻不在扮演着公益宣传的主角，在中华优秀文化传承、民族团结、法治宣传、生态文明理念，以及引导社会青年树立正确的世界观、人生观和价值观等方面发挥

图2-1　红色时尚

着理论范式和话语体系的特定作用。

广告满足消费者需求的特性，决定了其对于社会发展的脉动具有深刻的洞察力，不仅在经济领域和引领消费分众化方面发挥着主导性的作用，而且在信息传播的广度与深度中发挥着持续性和多样性功效。各种类型的广告活动已深入到城乡的各个角落，快速促进了广告产业向专业化、规模化方向发展。

广告设计在社会经济活动中是一种商业行为，是随着文化创意产业和广告行业的发展而形成的一种新职业。我国从2011年6月起，由人力资源和社会保障部颁布中华人民共和国广告专业技术人员职业水平证书制度，组织了助理广告师、广告师、高级广告师的职业水平考试，这是国家对广告专业技术人员进行职业水平评价的认可方式。从2019年开始，国家对职业教育试行"1+X"职业等级证书考试，进一步确认职业从业资格的岗位能力。

当前商品经济时代，市场竞争日益扩张、竞争不断升级，商战已开始进入"智"战时期，广告活动也从以前的所谓抢占优势宣传渠道的"媒体大战"、争夺黄金广告位的"投入大战"上升到人才竞争的"创意大战"。"广告创意"一词已成为当下中国广告行业最流行的常用词。

（一）广告的发展与定义

据考证，广告一词源于拉丁文advertere，其义为注意、诱导及传播。中古英语时代（约1150—1500）一大部分古英语词汇吸收了很多法语和拉丁语的词汇，广告一词演变为"Advertise"，其含义演化为"使某人注意到某件事"或"通知别人某件事，以引起他人的注意"。直到18世纪末19世纪初，英国开始进行大规模的工业革命，这时，广告一词便广泛

地流行并被使用。随着历史的推进和人们大规模商业活动的开展，原来带有静止意义的名词"Advertise"被人们赋予了具有活动色彩的词汇"Advertising"。现在"广告"已不单指某一个具体广告，其更多的是指一系列的广告活动。

我国有着5000多年文明史，早在公元前3000年，人们由于农业、畜牧业和手工业的发展，产品出现剩余，开始有了交易活动，部落之间偶尔进行以物易物的物品交换，如以布换羊羔、以锄具换大米等。随着物品更为丰富，就出现了通过"吆喝"吸引买主的叫卖广告（如卖油翁一边敲"梆子"，一边吆喝"卖油啰"）。不同的行业叫卖声各有特点，成为广告影响要素的原始形态。

随后因交易场所的聚集而形成"市集"，在"市集"中，人们为了招揽顾客，就在自己的店铺门前或摊位旁边竖起招牌和幌子，来展示商品的与众不同，如"同仁堂"药号（图2-2）、北京"全聚德"烤鸭、"狗不理"包子等流传至今的老字号招牌。不少招牌和幌子

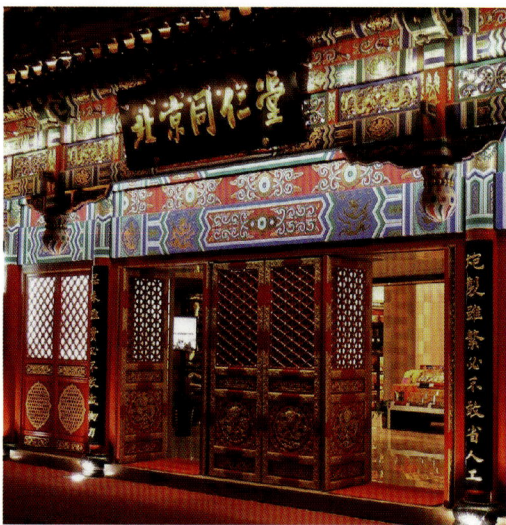

图2-2 "同仁堂"药号

的背后还隐藏着许多商业、品牌的人文故事，这也成为我国传统商业文化的鲜明特色。

我国最早使用"广告"一词的准确时间是20世纪初，源于日本明治时期对英文Advertising译成"广告"的概念，是"广泛宣传""广而告之"之意，即广泛而简练地宣传或告白。随着广告业的不断发展和其对社会影响程度的加深，对广告概念的论述由于认识广告的目的、角度、时代等不同，所下的定义也有所不同。多数定义都认为广告是一种"推销手段"，通俗地理解就是"广而告之"。在现代经济发展进入"品牌时代"的当下，广告已成为企业建立信誉、塑造品牌、抢占市场、扩大销售竞争力的重要手段，广告的定义更是与时俱进，从传统、宽泛的"广而告之"概念，转变为更精准的定义，可以理解为：广告是广告主通过有偿取得的、可以控制的视觉媒介和形式，对产品、服务和观念进行社会化、群体化的传播，从而有效影响公众、促成营销目的的宣传活动。从定义中，我们可以感受到，现代广告是一种商业传播活动，具备市场、信息、地域、时间、媒体等构成要素。

（二）广告构成要素

从广告的定义中，可以明确解读出"广告是为达到预期目标的传播活动"，是一个涉及经济、媒体、市场、文化的信息传播过程。一个完整的广告活动项目包含"广告发送者—媒介—广告接受者"，其过程主要由广告主体、广告媒介、广告内容、广告费用和广告客体五个相互联系的要素构成（图2-3）。

广告业界常以传播学的"5W"模式来研究广告的构成要素。"5W"模式是：谁（Who）—说什么（Says what）—通过什么渠道（In which channel）—对谁（To whom）—取得什么效果（With what effect）（图2-4）。

"谁"就是传播者，在传播过程中担负着信息的收集、加工和传递的任务。传播者既可以是单个的人，也可以是集体或专门的机构。

"说什么"是指传播的信息内容，它是由策划、设计人员提炼出的一组有指向性的图文信息组合，包括语言符号和非语言符号。

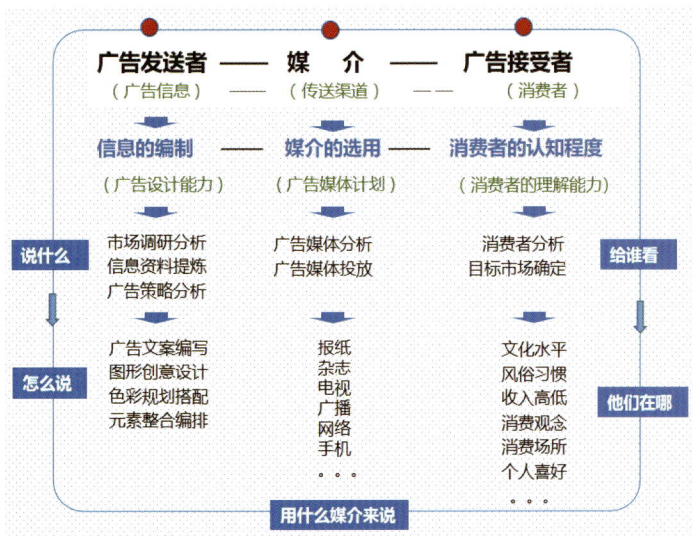

图2-3　广告活动项目过程

"渠道"是信息传递所必须经过的中介或借助的物质载体。它可以是诸如信件、电话等人与人之间的媒介，也可以是报纸、广播、电视等大众传播媒介，也可以是微博、微信、社交APP等现代智能终端传播媒介（图2-5）。

"对谁"就是受传者或受众。受众是所有受传者如读者、听众、观众等的总称，它是传播的最终对象和目的地。

"效果"是信息到达受众后，在其认知、情感、行为各层面所引起的反应，它是检验传播活动是否成功的重要尺度。

对于广告而言，这"5W"构成了广告活动的全部过程。它们相互关联、彼此制约，是一个有机的整体，对每一个"W"要素的把握是广告活动成功的基础。

（三）广告类型

广告的类型也称广告的形态。广告因内容承载力、覆盖面、送达率、影响价值的不同而有差异，也因媒体形态、内容性质、广告目的、广告覆盖面的不同而不同。单从广告的媒体形态来说，分为印刷媒体类广告、视听媒体类广告、户外媒体类广告、电商媒体类广告四种大的类型（表2-1）。

1. 印刷媒体类广告

在新媒体快速发展的当下，印刷媒体的发展受到很大冲击，但传统的报纸、杂志等媒体

图2-4 "5W"模式

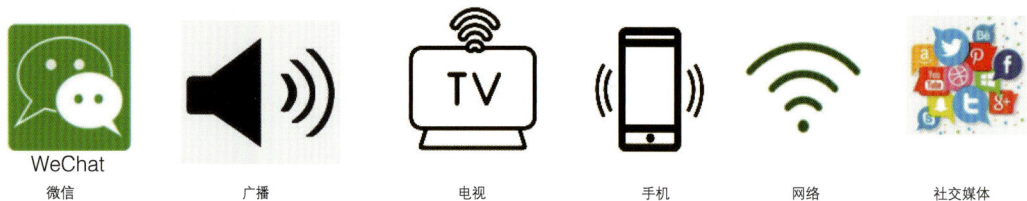

图2-5 现代智能终端传播媒介

表2-1 广告的媒体形态

分类依据	类型
媒体形态	印刷媒体>报纸广告、杂志广告、POP广告、直邮广告等
	视听媒体>电视广告、企业宣传片、微电影、动画广告、电子视频广告、广播广告等
	户外媒体>交通载具广告、路牌广告、候车亭广告、霓虹灯广告、橱窗广告、气球广告等
	电商媒体>手机APP广告、短视频直播广告、互动广告、网络广告等
内容性质	政治广告、文化广告、商业广告、公益广告等
广告目的	销售广告、品牌广告、企业形象广告、公关广告等
广告覆盖面	国际型广告、国内型广告、区域性广告、地方性广告、小众广告等

广告投入并未减弱，这类媒体因读者稳定、专业性强、制作简便、费用较低，仍然是广告宣传的主要媒体，且对于告知性广告、新品上市广告有其独有的优势（图2-6、图2-7）。

2. 视听媒体类广告

视听媒体类广告是以视频、动画、图像和声音为传播广告信息主体的传播形式，是20世纪后期最有影响力和发展最快速的广告形式。视听媒体类广告不论是宣传产品，还是宣扬企业形象，或是传播中国传统文化，引导消费价值观念，其信息内容都应融合宣传性、娱乐性及教育性，如舒肤佳《常回家看看》的视频广告（图2-8）。

3. 户外媒体类广告

户外媒体类广告是在建筑物外墙、公交线路站点或商业街、娱乐广场等室外公共场所设立的广告，包括交通载具广告（图2-9）、高立柱广告（图2-10）、候车亭广告（图2-11）等。在科学技术迅猛发展的现代社会，户外广告也引用了不少新材料、新技术、新设备，媒体类型丰富、表现形式多样，早已突破了形式单一的店招式广告类型。户外媒体类广告是面向公众，在固定的地点长时期地展示广告信息，因而是非常有效的广告宣传媒体。随着人们旅游和休闲活动的增多，以及文明城市建设的快速发展，其增长速度大大超过了传统电

图2-6 报纸广告

图2-7 杂志广告

图2-8 舒肤佳视频广告：《常回家看看》

图2-9 交通载具广告

图2-10 高立柱广告

图2-11 候车亭广告

视、报纸和杂志等媒体。

4. 电商媒体类广告

电商媒体类广告是一种新型广告类型。随着互联网技术及网上支付平台的发展，网络购物这一新型消费模式开始出现，尤其是电子商务的迅速发展，智能终端媒体的"全民覆盖"，使电商媒体成为当今企业广告宣传不可或缺的重要形式。如智能终端的开屏广告、插屏广告、信息流广告、网页Banner广告等（图2-12、图2-13）。新媒体随身性与定向性的特点，具有实时交互、无时间地域限制、传播范围大、受众数量可准确统计、可重复、易检索等优势，在广告信息宣传中得到广泛运用。电商媒体类广告在企业营销中的地位越来越重要。

（四）广告的原则

1. 真实性原则

真实性是广告的生命和本质，是广告价值根本之所在，也是广告设计首要的、基本的原则。《中华人民共和国广告法》第三条规定："广告应该真实、合法，符合社会主义精神文明建设的要求。"第四条规定："广告不得含有虚假的内容，不能欺骗和误导消费者。"第五条规定："广告主、广告经营者、

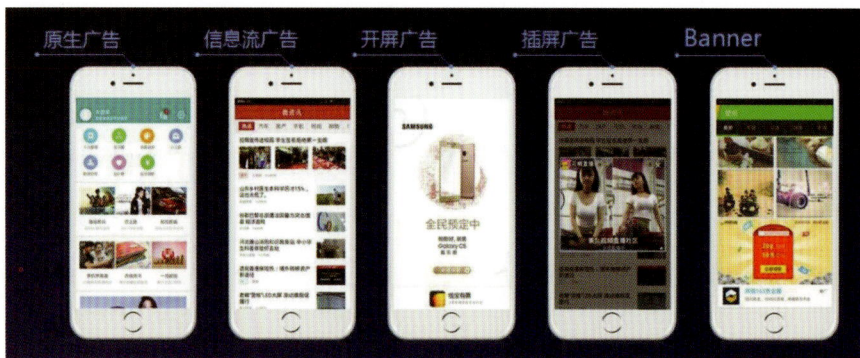

图2-12 智能终端（手机）广告形式

图2-13 网页Banner广告

广告发布者从事广告活动，应该遵守法律、行政法规，遵循公平、诚实、信用的原则。"在一部法律中集中三条规范来阐述同一个问题，可见广告真实性的重要性。

广告的真实性首先是广告所宣传的内容要真实，应该与推销的商品和提供的服务相一致，不能弄虚作假，也不能歪曲夸大。其次，广告的视觉形象也必须是真实的，无论如何进行艺术处理，所宣传的商品和服务形象都应该是真实的，与商品的自身特性相一致。在真实性的基础上，还应讲究语气、用词，既要使人感到亲切，又要迎合消费者的心理，使消费者在一种轻松、愉快的环境中受到感召。

网易严选以"我们不用流量明星拍广告，用户就是我们的广告"为题做了一系列"行为艺术"的"活广告"。广告中，真实的用户嵌入静态广告牌中，配合相关的文字简介，既引人关注，又传递了共情的声音。这种回归用户本身的真实且质朴的广告，是一股清流，令人信服（图2-14）。

2.独创性原则

广告创意的关键在于独创性。独创性是广告的生命活力，广告中呈现出新颖想象力、独具匠心的表现力能够有效吸引消费者的关注。

图2-14　真人"活广告"/ 网易严选/来源：广告热搜榜 / ID：resouad

广告的独创性就是吸引力、影响力，是撩动人心的最佳视觉行销力，是快速有效实现广告目标的手段，也是产品营销制胜的关键。

具有独创性的广告创意能产生强大的心理突破效果，这一原则要求广告设计得立意新颖、巧妙出奇。独创性原则包括：

特殊的定向、定位——广告受众的选择；

特殊的设计思路——立足于广告形象、文字的主题性表达；

特殊的形式——版面图、文、色彩的构成。

遵循这些原则才能做到广告构思新颖、创意突出，集生动性、艺术性、趣味性于一体（图2-15）。

3. 实效性原则

广告就其形式而言，只是传递信息的一种方式，是广告主与受众间的媒介，其目的是达到一定的促销效果，就是广告的实效性。广

图2-15　2009年戛纳广告节媒介类铜狮奖 /《超强风力》/美的

告的实效性取决于广告信息的传达效率，人们接收广告信息是有选择性的，其选择性包含理解性和相关性。因此，广告要善于将视觉信息元素进行最佳组合，在相关性与可理解性之间寻找到最佳结合点，使传递的信息能够让可消费的用户群体了解产品"正是我需要的、能用的"利益诉求。

4.关联性原则

广告设计必须与广告的商品和服务信息有所关联，与广告的目标对象有所关联，与广告想引起的特别行为有所关联。广告设计如果没有关联性或者关联性不强，就失去了广告的意义。广告设计必须针对消费者的需要有的放矢，才能引起消费者的注意，激起消费者的兴趣，具有诱导说服的感召力，从而把消费大众的需要转化为消费动机和消费行为。关联性体现在两个方面：一是广告创意必须与产品或服务内容相关联；二是广告创意必须与目标消费者利益、兴趣相关联。关联可以是内在关联，也可以是外在关联（图2-16、图2-17）。

5.通俗性原则

人们阅读广告的前提是能看得懂，能明白广告要传达的信息，否则，人们会屏蔽视听接收。因此，广告的艺术处理应雅俗共赏、浅显易懂，传达的信息要直白、明了，尽量使用生活化、情感化的场面。这就要求进行广告设计时，一方面用合乎规范的视听语言来传递商品的信息，另一方面要以非寻常的图形、出乎意料的组合来唤起消费者的注意。例如图2-18第三届亚洲动物基金会设计大赛公益广告中，把动物元素与人物并置于一个场景中，通过文案与图形对比，以通俗的语言，较好地传达了爱护动物的主题。

一个好的广告创意不仅会让消费者耳目一新，也会给消费者留下不错的印象。所以，在广告创意上独辟蹊径、大胆创新，甚至来一点奇思妙想，这本无可厚非，但要尊重广告艺术的创作规律，不能缺少底线意识，更不能只为吸引眼球把低俗当通俗。

图2-16　面膜广告/《无需遮掩》一叶子 / 张娟、杨翠 / 指导：赵敏

图2-17　第十届全国大学生广告艺术大赛 / 省赛二等奖 / 杜蕾斯 / 王湘源、高瑚浓、张伊琳 / 指导：赵锦星

我伴他安然入梦，
你却要我还以血肉！

动物不是食物，它可视人类为朋友，也请你珍惜它们。
"关爱动物、善待生命"，请拒绝食用猫狗。

图2-18 第三届亚洲动物基金会设计大赛公益广告获奖作品 /《陪伴》/ 孟萱

（五）广告的魅力

广告是商品市场竞争的宣传工具，其创意设计和社会公益、人民生活、民族文化、人文美学都息息相关。不管是打开电视，翻开报纸杂志，还是走上大街，甚至挤上公交车，从乡村靠近马路的院墙，到大都市或小城镇的街道，再到网络、手机，处处都有广告的"倩影"。可以说，广告充满了我们现代生活的视觉空间。

目前，我国已成为世界第二大广告国。在市场经济竞争日益激烈的今天，广告已成为商品经济发展中不可或缺的宣传手段。现代移动通信、互联网、社交媒体的快速迭代更新，促进了广告设计信息传播的多元化、多样化。广告吸引人的魅力主要体现在创意的表达，广告让传统文化彰显出内在的艺术感染力，传达出人类的"审美意识"和对"美"的认知感悟，能有效地表达出设计者的创想力，能够精准地向消费者传达产品的核心竞争力。

1. 广告让传统文化彰显出内在的艺术感染力

当今的广告设计越来越多元化，广告创意的"文化含量"直接关系到观者对广告的接受度和认可度。

我们常说民族的才是世界的，中华民族博大精深的传统文化是我们广告设计师开发创意的源泉。因此，在创意时就可以考虑将传统文化融合到现代的广告设计当中，"以形传意"，构建新的含义，以引导消费者对传统文化的认同感。

我国古老的民族文化遗产之一——"象形文字"，就是最早将文字图形化的例证。象形文字是依据图形演变而来的，不仅具有传统文化底蕴，更具有现代设计的艺术时尚价值。靳埭强先生设计的水墨文字海报，通过独特的汉字语境和直白的视觉形象表达，将独特的个性意念注入文字之中，用微妙的水墨艺术传承创新，呈现出中国山水画般的意境，从而让广告创意彰显出传统文化内在的艺术感染力，更加富有现代感（图2-19）。

2. 广告能传达出人类的"审美意识"和对"美"的认知感悟

创意是人类活动中的一种特有的实践活动，是设计师们的一种精神思维活动。具有"民族审美需求"和"技能美学感悟"的广告创意作品往往能被消费者广泛接受和认可，这是广告创意最重要的前提。

因此，设计师在创意设计中，往往会围绕人们对生活的感悟、情感的理解、尚美的观念来进行创意开发和视觉表现，把社会人文价值体系、美学观念、民俗事象等精神文化元素，融入设计作品中，在产品与消费者之间架起沟通的桥梁，让观者能够对广告表达出的内在文化产生共鸣，传达出人们"审美意识"和对"美"的认知感悟，达成广告独特的创意思维表达和艺术魅力老物件。闲鱼闲置物品线上交易平台的系列广告，通过20世纪八九十年代的老式暖水壶、老式唱片机、老式缝纫机的图像展示，加上广告标题文案情感诉求的娓娓道来，有效勾起了观众满满的儿时回忆，传达出人们传统的审美认知和儿时美好生活的感悟（图2-20）。

3. 广告能有效地表达出设计者的创想力

丰富的想象力就是广告创意的催化剂，设计师通过提取社会、文化、生活等有效元素进行想象，让生活感悟、专业技法、个人审美等与创意发生化学反应，运用文字、图形、色彩等可以利用的设计手段来表达设计师独有的艺术表现力和设计创想力。在江绍雄先生"艳遇中国"系列广告中，对传统中国元素的现代化诠释，把西方元素与中国元素相结合，既是思想与观念的嫁接，也是古典与现代的混搭，有效地表达出设计者的创想力（图2-21）。

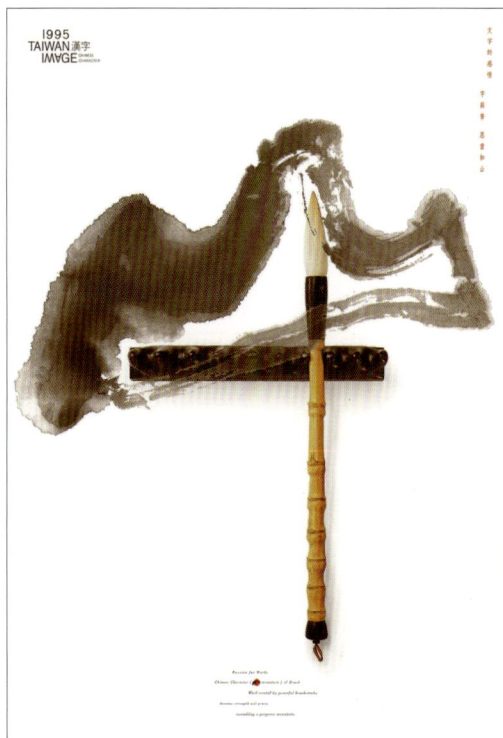

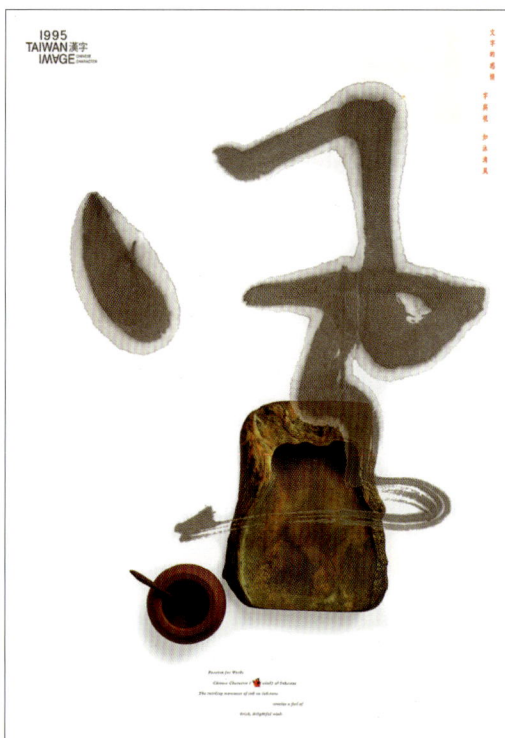

图2-19　水墨文字广告 / 靳埭强

4. 广告能向消费者传达产品的核心竞争力

广告是一种信息传播活动，它以大众传播理论为出发点，以引导消费需求来凝练消费观念，以满足人们的生活需要来提炼产品的核心竞争力，旨在唤起人们对商品产生了解和好感，从而因满足人们的需要而产生购买行为，达成广告促销的目的。如NIKOL纸巾系列创意广告，通过新鲜水果与纸巾上的干果的并置，诙谐夸张的创意，超现实的戏剧性与趣味性，传达了纸巾具备"超强吸水性"的产品核心竞争力（图2-22）。

广告是商品市场竞争的一种信息传播活动，其创意的多元性，传播手段的多样化，展现出独特的广告创意魅力和艺术感染力，让传统文化在广告创意中彰显出内在的社会感召力，传达出人类的"审美意识"和对"美"的认知感悟，并且通过广告创意能有效地表达出设计者的创想力，向消费者或公众精准地传达产品的核心竞争力。

图2-20 "老物件"系列广告 / 闲鱼闲置物品线上交易平台

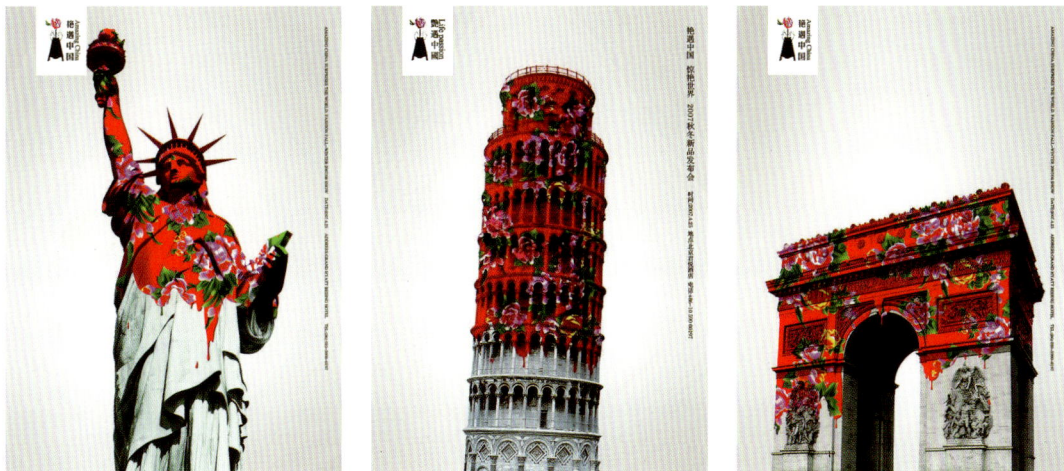

图2-21 "艳遇中国"系列广告 / 江绍雄

图2-22 纸巾创意广告 / NIKOL

5. 广告的语言魅力

广告是一门说服人的艺术，能否有效抓住消费者的注意力已成为广告成败的关键。广告语言作为广告信息的主要载体在广告中处于核心地位，是吸引消费者、推销产品的重要手段。众多给人们留下深刻印象的广告中，其广告语无不是千锤百炼、精益求精的结果，如王老吉的广告语："怕上火，就喝王老吉。"语言貌似普通，却抓住了消费者对凉茶祛火的诉求，对王老吉的推广起到了重要的作用。361°祝贺杨倩夺得东京奥运会首金的广告语，是彰显了年轻人努力上进的宣言式的誓词。中国语言的博大精深，给广告是语言表达和信息提炼提供了丰富的土壤，使广告的信息诉求更有新意，更加生动，更具形象感，时时刻刻都体现着广告强大的语言魅力（图2-23）。

图2-23 祝贺杨倩夺得东京奥运会首金广告语 / 361° 品牌

6. 广告的公益魅力

成功的广告往往有其深厚的文化内涵，其在与社会经济相互作用的过程中，也是一种文化表达。它汲取社会最鲜活的文化元素，通过广告信息特有的"聚集"和"显化"功能，将社会文化凝缩并传承下来。近年来，央视不断播出的公益广告接地气、暖人心，富含正能量，无时无刻不在扮演着精神文明社会的主角，时刻保持着与社会的互动关系：从精准扶贫、乡村振兴、"一带一路"倡议、建立人类命运共同体等要点切入，小人物折射大主题，小故事呈现大变迁，以小见大，以事明理，以情动人，充分引发亿万国人的情感共鸣。每条广告背后都有一种文化的创新，既有新闻的敏感性，又用新理念创作新作品，呈现新时代。润物无声，成风化人，形成了面向全社会的养成教育，发挥着广告文化独特的公益魅力。

例如中央电视台公益广告《筷筷有爱》，画面中配合画外音表现重视公筷一事：朋友相聚，添一筷是热心；居家庆生，夹一筷是爱心；情侣约会，递一筷是倾心；公司用餐，匀一筷是公心；回家吃饭，挑一筷是细心。这则公益广告以情动人，以小见大，言简意赅，精准、清晰传达，使人舒心，让人们易于接受（图2-24）。

三、广告项目

项目是一项独立的事情或任务，是在一定的时间和一定的预算内所要达到的预期任务。广告项目是一个动态的概念，例如一项公益演出活动的策划，一种新产品的开发，一项广告主题设计的执行，一次会议活动的开展等，都可以称为项目。每个广告项目都有自己的特点，有具体的时间期限、费用和性能质量等方面的要求，所产生的产品、服务或完成的任务与已有的相似产品、服务或任务在某些方面有明显的差别。

图2-24 公筷主题公益广告 /《筷筷有爱》/ CCTV央视网

广告项目是以目标为导向的策略方案与创意执行，侧重于过程的实施。广告项目的实施需要广告公司或广告人根据服务项目需要建立有针对性的项目实施团队（项目组），项目经理在项目实施以前必须进行周密的计划，事实上，项目实施过程中的各项工作都是为项目的预定目标而进行的协同执行。

（一）广告项目的思考

广告项目是以目标为导向的，需要从传播与沟通的角度来进行关联性思考。传播角度就是广告信息传播途径，需要运用市场调研分析及其方法评估单项项目应考虑的可比性因素，包括产品的功能、实体特征和质量、市场条件、交易条件等。沟通的角度就是分析目标消费者介入后，对广告活动的身心需求，包括消费者的个人特性（需要、重要性、兴趣、价值观等）、刺激特性（传播来源、传播内容、价格因素等），以及情境特性（购买、使用、气氛、场合等）。

广告项目前期关联性思考首先需要选择达成预期目标的线路图的问题，做好针对性的广告项目计划，但因项目目标、项目环境、目标消费者等要素的差异性，每个广告项目的关联性思考的原点与终点之间有着无穷的可能性（图2-25）。

（二）广告项目的提问

以成果为导向制定的项目计划书是否规范，主要看计划书是否能清晰地回答这样五个问题：第一，项目要解决什么样的社会问题，即为什么要做这个项目；第二，项目服务对象是谁，即产品或服务针对的是哪些人群；第三，项目要满足服务对象什么样的需求；第四，项目目标是什么，如何衡量；第五，项目如何实施，即如何做，做什么。这五个问题是项目关联性思考的逻辑框架，回应的顺序不能颠倒，要素不能缺少，如果能够用这样的思维逻辑去制定项目计划书，不但能够把项目做得更加有效，而且能够帮助我们养成一种提高有效性的思维习惯。

（三）广告项目的调研

广告项目的市场调研是以提高营销效益为目的，有计划地收集、整理和分析市场信息资

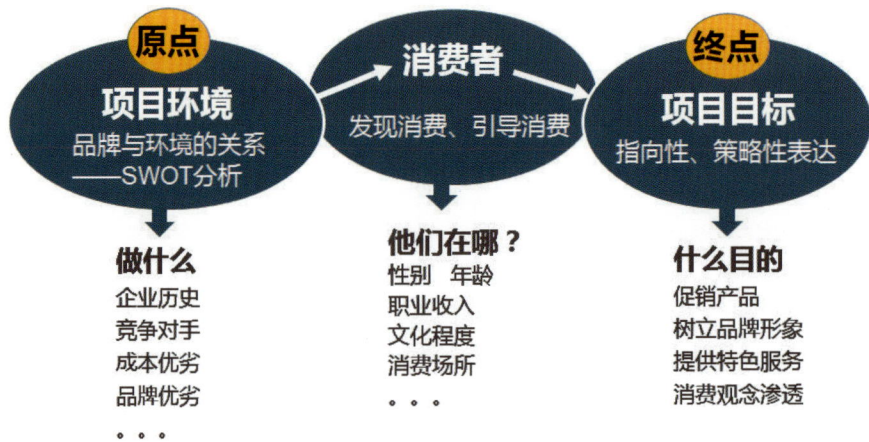

图2-25 广告项目计划

料，是一种把消费者及公共部门和市场联系起来的特定活动。广告项目的市场调研是开启广告活动的起点，其内容多、范围广，关键是围绕广告活动来进行调查活动，从宏观的客观因素到微观的产品要素出发，以广告运作的规律为基点，重点抓住广告市场环境、广告主企业经营情况、广告产品情况、市场竞争性、目标消费者等几项内容调研，分析现状与趋势，在产品定位区隔、广告诉求宣传、广告时机与媒体选择上有新发现、新设想。

1. 广告项目调研的作用

市场调研的本质是对信息的收集、整理和分析，它是市场营销活动的一个重要组成部分，是广告活动宣传的第一步。其主要作用体现如下。

（1）通过市场调研，可以发现一些新的市场机会和需求，开发新的产品去满足这些需求；

（2）可以发现企业现有产品的不足及经营中的缺点，及时加以纠正，使企业在竞争中立于不败之地；

（3）可以及时掌握竞争对手的动态，掌握企业产品在市场上所占份额大小，并针对竞争对手的策略，对自己的工作进行调整和改进，知己知彼，百战百胜；

（4）可以了解整个经济环境对企业发展的影响，了解国家的政策法规变化，预测未来市场可能发生的变化，抓住新的发展机会，对可能发生的不利情况及时地采取应变措施，减少企业的损失。

2. 广告项目的调研原则

（1）客观性与全面性

一切从客观实际的情况出发，在正确理论的指导下，进行科学的研究分析。对调查来

的情况，一是一，二是二，有则是有，无则是无，好则是好，坏则是坏，坚持讲真话。

广告市场活动的因素，除经济活动本身外，还有政治的、社会的、科学技术的因素，这些因素的作用使得市场呈现纷繁复杂的局面，市场调研应该全面考虑影响市场营销的诸多因素，不能以偏概全。

例如娃哈哈啤儿茶爽，想以"啤酒味的茶饮"概念取胜。但由于前期调研人员在做市场调研时忽略了产品的属性定位，设定的核心目标消费群体是想喝啤酒却喝不了或者不想喝啤酒的人群（在校学生和35岁以下的上班族），在消费者缺位的情况下新产品就匆匆推向市场，导致超市或者商店的展示区不知道把啤儿茶爽放在啤酒区还是饮料区，加上啤酒消费者的总体年龄结构高于饮料人群，大部分消费者觉得产品味道很奇怪，像啤酒不是啤酒，像饮料不是饮料，口味差。尽管该产品想要培育和挖掘一个成熟、深度增量的市场人群，但是由于啤儿茶爽没有明确的市场定位，无法形成产品的集聚效应，自然就成了一种销量不佳的饮料（图2-26）。

图2-26 饮品广告／娃哈哈

（2）科学性与及时性

以科学的工作标准，针对不同的目标采取合理的调研方法。比如针对学生应采取线上调研方式，针对城市新型农民应该多采取访谈法，而针对知识水平较高的白领阶层可以采用问卷调查法。市场不断变化，市场调研在这种不断变化中对市场现象进行及时调整。

（3）经济性与保密性

调研人员应站在客户的角度，节约成本，有针对性地进行有效的市场调研，高效率地完成实效的调研分析。同时，务必具备必要的职业操守，要为客户保守调研数据、市场营销战略的秘密，不出卖、不传输给第三方或竞争对手，不发布到公开的网络平台；要为被调查者保密，不公开被调查者的私人信息、个人嗜好。这是广告市场调研人员必须具备的职业道德。总之，广告项目的调研是一项目的性、实践性十分突出的工作，无论是对企业的决策，还是对广告的策划来说，都是十分重要的。没有经过市场调研的产品，是不宜轻易生产经营的，没有对市场进行充分的调研分析及预测，广告策划与创意也是无根据的、盲目的。

3. 广告项目调研的主题

广告项目调研主题就是调研的主要问题。开展市场调研首要明确企业为什么开展市场调研，要解决的问题在哪里，最终确定调研目标。界定市场调研主题应当包括经营管理决策主题和市场调研主题两个层次。

（1）经营管理决策主题

经营管理决策主题是指企业在经营管理中所面临的问题，主要回答决策者需要做什么，关心的是决策者可能采取的行动，属于行动导向型的。

（2）市场调研主题

市场调研主题是信息导向型的，以信息为中心，它的主要内容是确定需要什么信息，是产品方面的，还是消费者方面的，是对竞争对手的调研，还是对产业新技术支持方面的调研，以及如何有效地获取这些信息。只有确认好经营管理决策主题之后才能确定市场调研主题。

广告项目调研的主题确定需要与企业决策者进行充分沟通交流，明确市场调研意图；与产业专家沟通，了解产业背景与环境因素。例如针对管理决策主题：是要推出新产品吗？针对市场调查主题：是需要调研新产品上市的可行性吗？是需要了解消费者对计划推出的新产品的偏好和购买意愿吗？

4. 广告项目调研的内容

广告项目调研的内容包括广告市场环境调研、企业经营情况调研、广告产品调研、竞争者调研分析、目标消费者调研等几项。

（1）广告市场环境调研

广告市场环境是指影响和制约广告活动策略、计划的各种因素，其调研包括两个层面：一个层面是指影响广告活动产生、发展的宏观环境，另一个层面是基于内外部竞争环境态势下的微观环境（图2-27）。

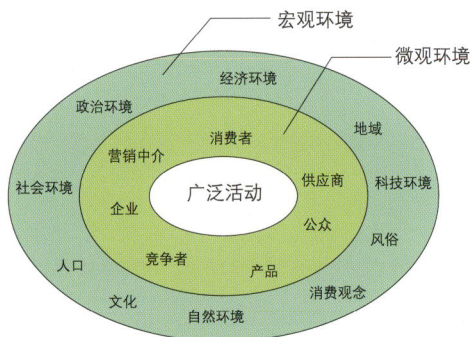

图2-27 广告市场环境调研的两个层面

广告宏观环境调研分析即PEST环境分析（图2-28），是针对政治环境、经济环境、人文环境、自然科技环境等因素的分析，主要包括：市场已具备的政府政策、相关法律法规等政治法律环境；市场已具备的社会购买力、区域消费能力、市场广告强弱、广告时间成本等社会经济环境；广告活动目标消费群的价值取向、受教育程度、风俗习惯、消费行为观念等社会人文消费环境；广告活动开展所需要的媒体渠道、专业技术创新、持续技术服务等产业技术发展环境等。

广告微观环境调研分析即SWOT环境分析（图2-29），是针对外部竞争环境因素和内部能力因素分析，主要包括：广告活动或产品的市场需求与供给能力、竞争对手的市场地位与竞争战略、企业自身目标和资源、企业与供应商（中间商）关系、消费者对企业和产品的态度等。

图2-28　广告宏观环境调研分析主要因素

图2-29　广告微观环境调研分析主要因素

对广告环境进行调研分析，需要充分占有资料，包括原始数据和次级数据资料，在整理、分析、应用的基础上，对广告所处的各类环境有较深刻的认识和把握。无论是广告的外部环境分析还是内部环境分析，都需为广告主体的发展变化提供有利的建议，促进广告客体趋向于适应环境的变化，使它们在限定的空间中具备市场竞争力和销售驱动力。

（2）企业经营情况调研

要了解服务的企业，包括它的历史、现状及期望、企业实力、市场区域、市场地位、品牌形象、社会声誉，以及企业关于经营的各方面的策略等，当然还有一些诸如企业独特的文化、理念，销售人员素质、服务态度等也要需要关注。

企业的实际情况是广告活动能否有效执行的最重要的因素之一。所以调研时也需要明确企业对广告的态度，包括具体的目标、预算、市场期望等，应该实事求是、客观分析、理性沟通，否则会造成合作关系的障碍。

（3）广告产品调研

广告产品调研是广告环境调研的一项重要内容，以某类产品为调研对象，从产品的各方面了解此类产品在市场上是否适销；深入分析产品的属性和优缺点，并提出指导性的分析报告，为企业产品营销和广告策划提供参考。广告产品调研要了解广告产品的以下内容。

第一，了解广告产品生产（生产历史、生产过程、生产设备、制作技术、原材料使用），以便掌握产品工艺过程与质量。

第二，产品外观（产品名称、外形特色、规格、花色、款式、质感、包装形态等）。

第三，产品所属系统。广告产品在相关产品中所处的地位如何，是主导产品还是从属产品或是配合产品，其产品替代功能如何等情况，为产品销售进行市场预测，为广告决策的制定提供分析数据。

第四，产品类别。明确广告产品属于生产资料（原料、辅料、设备、工具、动力）还是消费产品（日常用品、选购品、特购品），广告策划和广告创意才有针对性，选用媒介方能准确。

第五，产品利益。主要对产品的功能、与同类产品相比的突出之处、使用该产品能给消费者带来的利益等方面信息进行调研分析，这是确定广告宣传重点和进行产品定位的关键依据。

第六，产品生命周期。产品的生命周期分为四个阶段：导入期、成长期、成熟期、衰退期。产品处于不同阶段时其生产工艺水平、消费需求特点、市场竞争情况各不相同，因而要采取的广告策略也各不相同。

第七，产品服务。现代商业市场竞争中，产品服务是影响销售的重要内容，主要包括售后服务的代办运输、安装调试、培训操作、保修、信贷等，对这方面的宣传能有效增强消费者对广告产品的信任和口碑宣传（图2-30）。

（4）竞争者调研分析

企业参与市场竞争，不仅要了解谁是自己的顾客，而且还要弄清谁是自己的竞争对手。由于市场需求的复杂性、层次性、易变性，技术的快速发展和演进、产业的发展使得市场竞争中呈现出复杂的形势。竞争者调研必须密切关注竞争环境的变化，了解广告产品的竞争地位及彼此的优劣势，只有知己知彼，避其锋芒，才能有效体现调研的灵活性、适应性及前瞻性。

竞争者分析是指通过广告产品的竞争地位及彼此的优劣势识别出竞争对手，并对它们的目标、资源、市场力量和当前战略等要素进行

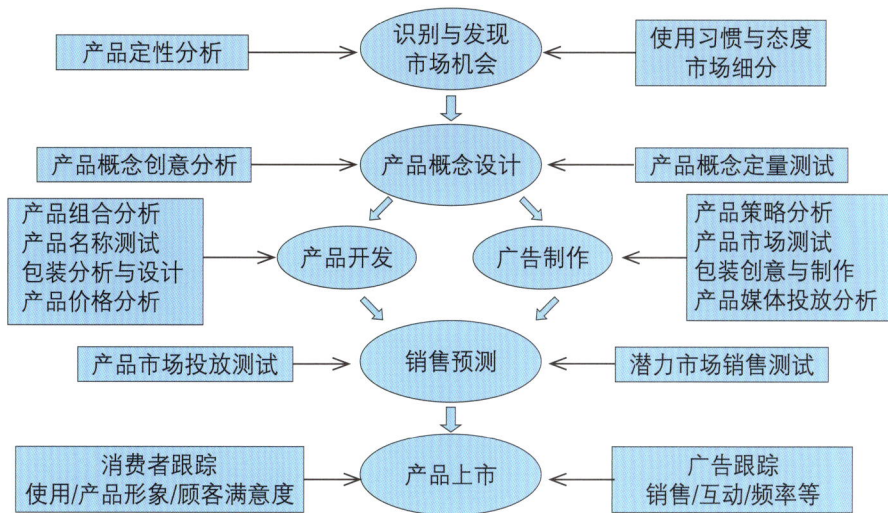

图2-30　产品调研与分析的主要因素

评价。其目的是准确判断竞争对手的战略定位和发展方向，并在此基础上预测竞争对手未来的战略，准确评价竞争对手对本组织的战略行为的反应，估计竞争对手在实现可持续竞争优势方面的能力。对竞争者进行分析是确定产品在行业中战略地位的重要方法。

（5）目标消费者调研

目标消费者是制定广告产品销售策略时所选定的消费群体。人口特征是区分目标消费群体的第一步，须以消费者使用习惯，需求心理，媒体接收习惯、接收态度，收入水平，消费能力，以及对同类产品存在的不满等元素为标靶来进行目标消费者群体的界定。目标消费者调研要了解目标用户群对产品的认知程度，总结目标用户群的问题，提出最合理的广告解决方案。用问题引导目标受众以讲故事的方式

来挖掘其心理需要，问题的设定如：您是如何知晓并达到产品的？您会如何向别人形容产品的特点？产品对于用户哪些功能是必需的，哪些功能是最好要有的?用户在什么情况下"想起并找到"该产品？用户感知到的该产品和同类产品的明显差异是什么？

目标受众调研的方向越聚焦，越有价值。可先挑出大量符合行为的用户，再选择部分目标用户，有针对性分析（用户画像），根据调研时间、地点、感兴趣程度选定合适调研的用户，分析调研可能碰到的问题和解决方案，猜测用户需求并提出解决方案，进行问题引导式调研，把解决方案变成可执行的样本。

目标受众调研除了了解消费者购买行为决策过程及影响因素外，还需要了解购买者的行为模式（图2-31）。

图2-31　购买者的行为模式

5. 广告项目的调研流程

一份优秀的广告项目调研报告不仅是对广告产品所处市场环境的事实陈述，更重要的是要根据事实作出准确的分析，并作出"合理合情"的预测。之所以说"合情合理"，是因为对同一个事实不同的人可能有不同的理解和不同的分析侧重点，而对广告公司来说，这不同的理解往往就决定了最终的广告策略和创意表现，所以对事实的准确把握和分析解读，往往是一个广告公司实力的主要标准之一（图2-32）。

（四）广告项目的目标执行

广告项目的目标执行需要按照以下几个过程进行梳理。

第一，对项目有关的整个环境进行有效分析。包括自然环境技术环境、市场环境、上层组织系统、外部环境以及项目干系人等。

第二，发现影响项目实施和开展的不利因素或问题，并进行分类、界定，分析这些因素或问题产生的根源和界限，并争取项目方的配合支持或协同解决。

第三，确定项目目标执行的影响因素。包括明确性、可衡量性、可达成性、相关性及时限性等。把这些目标执行的影响因素具体体现在项目论证和可行性分析中，以便在项目实施的过程中作为参考。

第四，对项目各工作任务进行确定，建立项目目标执行体系，并对项目目标执行的重要性和具体内容展开表述。

第五，各目标的关系确认。明确哪些是阶段性目标，哪些是期望目标，哪些是强制性目标，这些目标之间有什么联系或者制约，把这些关系梳理清楚，将有助于对项目进行整体把握，并可以推进项目有效执行。

项目目标的执行要关注项目本身独特的问题，而不是关注你自己喜欢什么样的风格。要以对问题所蕴含的解决方式有所领悟为基础。这不仅需要创作人具备弹性的、指向性的思考能力，还需注重原发性、创新性的策略性思维，要在收敛性思维与发散性思维之间，保持着思维"必要的张力"。如Walkin健身俱乐部系列广告，采取符号图形隐喻的比较，来突出Walkin健身的前后对比，能引导消费者主动思考并理解广告项目的意图（图2-33）。

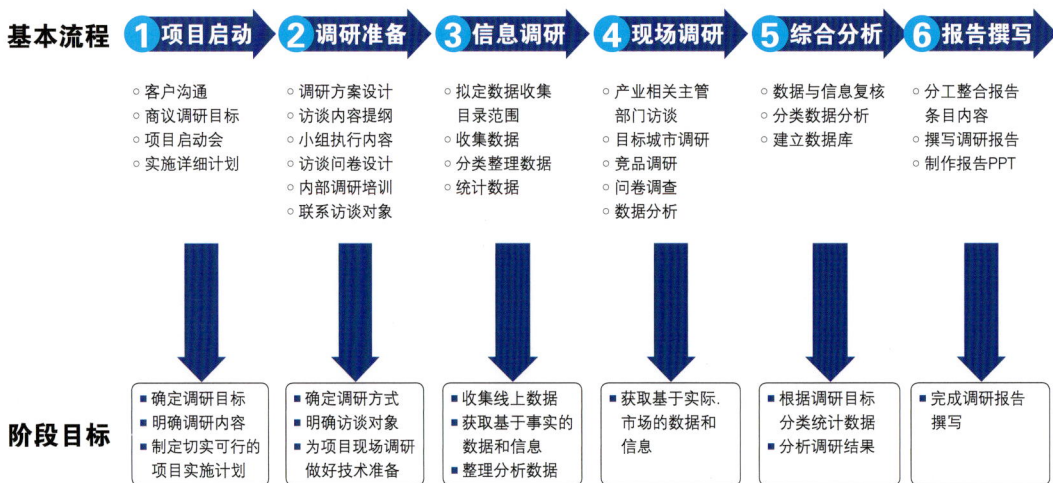

图2-32 市场调查的基本流程与阶段目标

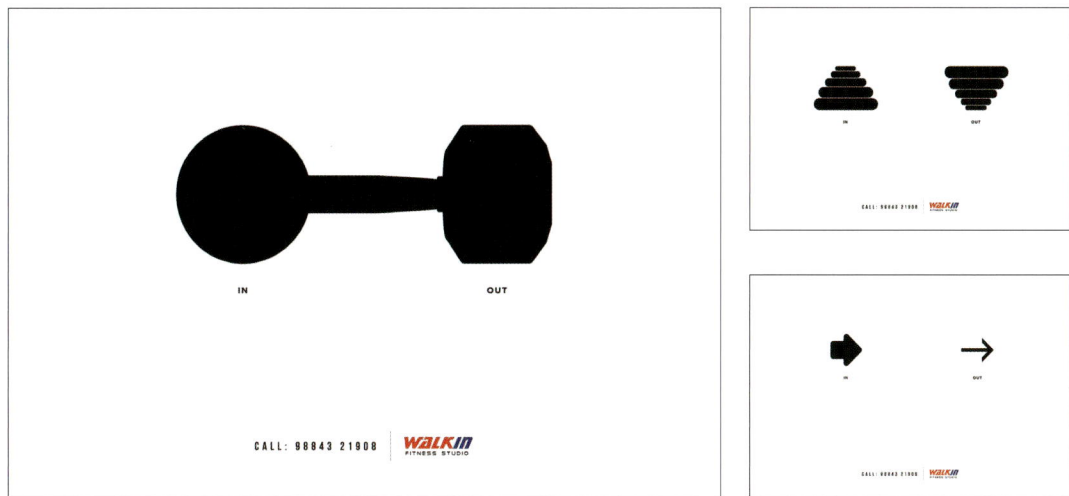

图2-33　Walkin健身俱乐部系列广告 / Walkin品牌

四、拓展资源

（一）现代广告的内涵

广告分为商业广告和非商业广告（公益广告），商业广告是以营利为目的的广告，是商品生产者、经营者和消费者之间沟通信息的重要手段，是企业占领市场、推销产品、提供劳务、获取经济效益的重要宣传形式。非商业广告（公益广告）不以营利为目的，是为公益行动、公益事业提供服务的，是以推广有利于社会的道德观念、行为规范和思想意识为目的的广告。

从广告传递信息的角度来看，我们可给出广告的操作性定义：广告是付费的非人际传播活动。这里有两个关键词："非人际"与"传播"。

非人际：意味着要通过媒介，这是准确理解广告特性的一个关键点。

传播：找到最为有效的传播对象（消费者）。因消费者受空间与时间的限制，所以，目标消费者的选择是广告活动的关键。

广告目的：就是促进商品的营销。广告通过对产品信息的介绍，借用广告媒体进行推广，从而促进消费者购买产品。

一个简单的广告传播活动常规应包含以上过程三个因素，它们彼此之间的相互作用决定了广告传播的有效与否。

（二）现代广告的作用

1. 准确传达商品信息（观念）

广告有明确的传播性，准确传达商品信息（观念）是广告设计的首要任务。现代商业社会中，商品服务信息绝大多数都是通过广告文字、色彩、图形、声音、动态效果等将信息准确地表达或传递的。通过以上各种方式，商品和服务才能被消费者认识和接受。

2. 树立品牌形象

广告有明确的目的性，树立品牌形象是广告战略的持续任务。企业的形象和品牌决定了企业和产品在消费者心中的地位，这一地位通常靠企业的实力和广告战略维护和塑造。

3. 满足消费需求

广告有明确的差异性，满足消费者的不

同需求是广告传播的核心。广告传播（广告到达率）都会尽可能地引起最广泛的消费者的注意。广告信息都会根据消费者的性别、年龄、爱好、消费心理、消费场所的不同，进行策划、创意和视觉设计，提供给消费者其所需要的商品信息，引导消费者去购买产品，满足消费者的购买欲望。

4. 引导消费（或消费观念）

广告有明确的引导性，满足消费者的预期需求是广告文化的直接表现。广告设计是物质文化和生活方式的审美再创造，通过夸张、联想、象征、比喻等手法对画面进行美化处理，使之符合消费者的审美需求，有效地引导和改变其在物质文化和生活方式上的消费观念。

五、课后实施

1. 小组专题研讨：收集当年全国大学生广告设计大赛某一广告命题项目的获奖作品10~20幅，结合广告策略单进行项目分析，形成PPT文稿。

2. 通过在线课程资源的教学视频、微课等专题学习，以具体的广告项目为任务驱动，分组进行市场调研，围绕选定的行业与产品采用适合的调研方法，对影响广告产品推广的市场要素进行整理和分析，撰写800字左右的市场调研报告1份。以"去屑洗发露"类型产品的市场调研报告为例，设定市场调研报告内容如表2-2。

【网络资源推荐】

微知库：http://csmz.36ve.com/

中国大学MOOC（慕课）：https://www.icourse163.org/

智慧职教：https://vocational.smartedu.cn/

【学习书籍推荐】

[1] 黄合水、陈素白.《广告调研技巧（第五版）》，厦门大学出版社，2016.07.

[2] 斯科特·阿姆斯特朗著，吴国华等译.《广告说服力：基于实证研究的195条广告原理》，商务印书馆出版，2016.08.

[3] 叶茂中.《广告人手记》，北京联合出版公司出版，2016.03.

表2—2 "去屑洗发露"类型产品的市场调研报告

专业名称		调研时间	
调研小组 成员姓名		调研方式	
		调研的相关品牌或名称	
线上学习 内容	在线课程资源：微知库—广告设计教学资源 http://csmz.36ve.com/		
调研要素	**调研分析**		
市场规模 调研	要求：通过对过去3年中国市场去屑洗发露产品消费规模及同比增速的分析，判断去屑洗发露产品的市场潜力与成长性，并对未来5年的消费规模增长趋势作出预测。		
产品结构 调研	要求：多角度对去屑洗发露产品进行分类，给出不同种类、不同档次、不同区域、不同应用领域的去屑洗发露产品的消费规模及占比，并深入调研各类细分产品的市场容量、需求特征、主要竞争厂商等，有助于客户在整体上把握去屑洗发露的产品结构及各类细分产品的市场需求。		
市场分布 调研	要求：从用户的地域分布和消费能力等因素，来分析去屑洗发露产品的市场分布情况，并对消费规模较大的重点区域市场进行深入调研，具体包括该地区的消费规模及占比、需求特征、需求趋势……		
用户消费 调研	要求：通过对去屑洗发露产品的用户群体进行划分，给出不同用户群体对去屑洗发露产品的消费规模及占比，同时深入调研各类用户群体购买去屑洗发露产品的购买力、价格敏感度、品牌偏好、采购渠道、采购频率等，分析各类用户群体对去屑洗发露产品的关注因素，以及未满足的需求，并对未来3年各类用户群体对去屑洗发露产品的消费规模及增长趋势作出预测，从而有助于去屑洗发露产品厂商把握市场需求现状和需求趋势。		
调研结论	要求：依据市场规模、分布情况、产品结构、消费者调研分析，进行关系梳理，得出整体调研结论。		

模块三

广告策划与媒介

MODULE THREE ADVERTISEMENT SCHEME AND MEDIA

课前导学 ///
为山区美术支教活动做计划和宣传。

课程思政元素 ///
广告人都必须求真务实。

案例解析 ///
传承中国文化：用新的方式看中国。

模块三　广告策划与媒介

一、模块导学

（一）课前导学

如果班级组织一次山区美术支教活动，你的活动计划和宣传应该怎么做？

如何策划出有竞争力的广告实施策略，是困扰我们设计师的常见问题。对于广告活动来说，应适应瞬息万变的现代商业竞争环境，洞察消费群体心理，紧跟时代商业发展趋势，及时改变传统广告策划与媒体宣传模式，精准覆盖目标消费者，以保证广告活动宣传的有效性，更好地服务于广告活动。

（二）课程思政元素

广告人都必须求真务实，借助解读广告、欣赏广告，进而利用广告完善自我，弘扬公益精神，提高生活质量；运用图文设计广告，增强自己的广告策划与推广的职业经验，重建社会广告的文化品位。

（三）案例解析

传承中国文化：用新的方式看中国

品牌/广告主：小红书

广告产品：小红书

广告代理：MORTAL DIGITAL凡人互动（上海）

1. 背景与目标

中国旅游行业经过了10年的高速发展期和多次的产品优化迭代，随着人们对于优质旅行内容和干货的需求越发明显，垂直在线旅游平台都在发力"平台内容化"，但在UGC内容（用户生成内容）的产出上却很难超越小红书（说明：UGC内容并不是某一种具体的业务，而是一种用户使用互联网的新方式，即由原来

的以下载为主变成下载和上传并重）。

年轻人出行的一大驱动力是"社交"。年轻网民先是被旅行UGC内容打动，再动身走在路上，接着在社交媒体上分享感受并获得认可，进而被激发出下一次出行的热情。UGC内容的生产方式，使得年轻人会自发分享优质内容，同时这些内容也成为年轻人旅行消费决策链条中的重要一环。

2. 洞察与策略

国庆长假将至，各大平台都在长假前后纷纷出招。而小红书在国际旅游日率先出击，与《中国国家地理》联手发布国庆出行品牌片《用新的方式看中国》。影片以中国不同省市年轻人真实新鲜的玩法为切入点，让人们用新的视角看中国；也让大众在有更多出行新选择的同时，了解什么是真正属于年轻人的新趋势玩法。

3. 创意阐述

广告片采用纪录片的形式，为我们打卡了不同城市的中国样貌，包含中国多个省市年轻人旅行的不同方式：有尝试从不同视角看中国的，有探寻从未涉足过的领地的，有尝试潮流的生活方式的。而这其中所有的画面不仅都源于小红书站内作者的真实生活，且搜索框内的玩法都区别于常规的旅行攻略，能充分体现地域特色，够小众新颖且能点亮大众的好奇心。

影片内的每一组搜索词，在站内均有丰富的对应内容，充分展现了小红书内容生态的多样性。同时，通过与《中国国家地理》携手出品，在表达了新潮、年轻品牌主张之外，也给予了品牌内容营销合作更多的想象空间。

4. 结果与影响

小红书此次的品牌活动深植年轻消费者心理状态，洞察到年轻人的出行不再是上车睡

觉、下车拍照的观光式旅行。当代年轻人偏爱高山滑雪、星空露营等与出行融合的体验，喜欢尝试以醋味冰淇淋为代表的小众经历，更热爱在发射基地看火箭升空、重走新青年路线的家国情怀式出游。

同时，在他们眼里，在旅行体验的过程中所获得被认同的满足感，正取代"目的地打卡"成为旅行的最大价值。小红书已经成为"中国最大的生活方式分享社区"，聚集了一批有态度、有想法的年轻人，大量真实的用户反馈，使小红书有足够底气，可以根据平台自身用户的行为趋势，以小众文化为切入点，以"新内容"换取更多新人群的品牌信赖。

用滑板和城市打招呼
遇见明天的老朋友
@老臭KK @高源Kaiko
在上海滑板扫街

小红书 🔍 上海街头滑板

国庆上小红书，用新的方式看中国

捡走路上的旧垃圾
在沿途找到新的自己
@在奔跑的Gale 在青海徒步捡垃圾

小红书 🔍 青海义工旅行

国庆上小红书，用新的方式看中国

我们都是新青年
只不过差了一百年

@手撕胡萝卜 在北京走新青年路线

小红书 🔍 北京新青年路线

国庆上小红书，用新的方式看中国

走出导航规定的路线
才能找到新世界

@周何昌庆 在重庆8D空间爬楼

小红书 🔍 打卡8D重庆

国庆上小红书，用新的方式看中国

裸眼看过了银河
人间还有什么不值得

@汤川星辰 在宁夏星空露营

小红书 🔍 宁夏星空露营

国庆上小红书，用新的方式看中国

二、广告策划

广告策划是根据广告主的营销计划和广告目标，在市场调查的基础上，制定出一个与市场情况、产品状态、消费群体相适应的经济有效的广告策划方案，并加以评估、实施和检验，从而为广告主的整体经营提供良好服务的活动。

一个较完整的广告策划主要包括五方面的内容：市场调查的结果、广告的定位、创意制作、广告媒介安排、效果测定安排。广告策划的目的是追求广告进程的合理化和广告效果的最大化。广告进程的合理化，就是广告运动（活动）要符合市场的现实情况并且能够适应市场的发展；广告效果的最大化，就是广告策划要提供能够产生最佳广告效果的策略和方案。通过广告策划工作，使广告准确、独特、及时、有效地传播，以刺激需要、诱导消费、促进销售、开拓市场。

广告策划可分为两种：一种是单独性的，即为一个或几个单一性的广告活动进行策划，也称单项广告活动策划；另一种是系统性的，即为企业在某一时期的总体广告活动策划，也称总体广告策划。广告的诉求策略、定位策略、创意策略和实施策略是广告策划的核心内容。

（一）广告诉求策略

在产品同质化相当严重的今天，广告最头疼的不是要怎么做，而是要说什么。我们苦苦寻找的，不是一次灵感乍现，不是一种表现形式，不是一种风格，而是一个广告诉求概念，就是可以引起消费者感兴趣的，或者可以引起预期联想的，来刺激消费者，以达到预期的目标的关键词或一句话。如脑白金广告，它的诉求理念是使人们接受并认可"脑白金可以作为礼品，是适合年轻人送给老年人的保健品"这一概念。其广告诉求点（关键词）：脑白金是保健品、适合老年人使用、适合过年过节送礼（图3-1）。

广告诉求就是商品广告宣传中所要强调的内容，俗称"卖点或买点"，是说服消费者购买的理由，它体现了整个广告的宣传策略，往往是广告成败关键之所在。倘若广告售卖诉求选定得当，会对消费者产生强烈的吸引力，撩拨起消费者消费欲望，从而促使其实施购买商品的行为。如Midea全球年度创意广告的诉求理念是"A journey into nature（大自然之旅）"，以"一栋可移动的房子"作为"环球旅行"的主题，在舒适又略带迷蒙美的氛围中，镜头始终集中在产品——新风空调能够带来的空间本身，让人也随着景象的切换感受在大自然中自在呼吸，产品的卖点毫无违和感地融入广告的场景中（图3-2）。

正确的诉求对象、正确的诉求重点和正确的诉求方法，是广告能够有效诉求必须具备的三个条件。

正确的诉求对象：即某一广告的信息传播所针对的那部分消费者。诉求对象为产品的目标消费群体和实际购买决策者。如在购买家

图3-1　保健品广告／脑白金

图3-2 一栋可移动的房子 / Midea全球年度创意广告

电等大件商品时，丈夫的作用要大于妻子，而在购买厨房用品、服装时，妻子的作用则大于丈夫。因此，家电类产品的广告应该主要针对男性进行诉求，而厨房用品的广告则应该主要针对女性进行诉求。儿童是一个特殊的消费群体，他们是很多产品的实际使用者，但是这些产品的购买决策一般由他们的父母做出，因此儿童用品的广告诉求应该主要针对他们的父母进行。

正确的诉求重点：就是向诉求对象重点传达的广告信息，这些信息是能直接针对诉求对象的需求，诉求对象最为关心、最能够引起他们注意和兴趣的信息，广告的诉求重点首先应该由广告目标来决定。如果开展广告活动是为了扩大品牌的知名度，那么广告诉求应该重点向消费者传达关于品牌名称的信息；如果开展广告活动目的是扩大产品的市场占有率，那么广告的诉求重点应该是购买利益的承诺；如果广告活动目的是短期的促销，那么广告应该重点向消费者传达关于即时购买的特别利益的信息。

正确的诉求方法：诉求可分为理性诉求和感性诉求两类。理性诉求向消费者"推介产品"，诉诸目标受众的理性思维，使消费者能够对产品的特质、功能等清楚了解，从而决定是否购买。感性诉求主要诉诸消费者的感性思维，"以情动人"，使消费者在感动之余认同该产品。当然还可用情理结合的诉求方法，即用理性诉求传达信息，以感性诉求激发受众的情感，从而达到最佳的广告效果（图3-3）。

如雕牌系列产品的广告："只买对的，不选贵的"（理性诉求的方法），广告活动初期，为求在竞争中突围，以质优价廉为吸引力，暗示实惠的价格。"妈妈，我能帮您干活了"（感性诉求的方法），通过关注下岗职工

图3-3 商业广告 / 雕牌系列产品

这一社会弱势群体，使消费者产生深刻的感情震撼，建立起贴近人性的品牌形象。"我有新妈妈了，可我一点都不喜欢她"（感性诉求的方法），延续了关注社会问题的思路，关注离异家庭，揭示了"真情付出，心灵交汇"的生活哲理。

（二）广告的定位策略

广告的定位始于产品，终于消费者，即广告定位是根据市场细分确定目标消费群的消费习惯，让产品广告在消费者心中占据合适而准确的位置并最终引导消费者的购买意向。因此"广告定位"不是创造什么哗众取宠的事物，而是重新结合并开发已存在的商家与客户的密切关系，定位策略，它需要向顾客说明本公司与现有的竞争者和潜在竞争者的区别。定位塑造是勾画公司形象和所提供价值的行为，以此使该细分市场的消费者理解和正确认识本公司有别于其他竞争者的象征。因此，明确适当的"广告定位"在现代广告营销市场中至关重要。

广告定位的任务是建立区隔，凸显产品的与众不同，即发掘产品优势，抢先竞争先机，并将这种产品优势通过创意和艺术表现传递给目标消费者。如图3-4黑人牙膏的广告定位是"能洁白牙齿的牙膏"；如图3-5潘婷护发素

图3-5　定位"女士专用"的护发素 / 潘婷护发素

的广告定位是"女士专用的护发素"。

（三）广告的创意策略

广告创意策略是表现广告诉求内容时所采用的思维和方法，是决定广告信息能否有效传达给消费者的关键。确立正确的广告创意观，是着手进行广告创意表现前的必要准备。广告创意不是市场策略的文字化或图像化，更不是制作技术。如果简单地将广告的创意理解为"创"造"意"外，捕捉"不可思议"或寻找"与众不同的"，那只是一种表象，而没有深入到探寻"独创一格"的创意内涵中。"寻求不同"和"创造差异"只是创意的开端，而寻求最适合于广告讯息传达的，最能有效地表现独特诉求的广告语言、广告表现手法，以及独特媒体传播方式，才是广告创意思维活动要解决的关键性问题（图3-6）。

广告创意策略主要表现在思维的创造力和促销力两个方面。

创造力是将旧元素打破重新加以组合，以超常规、反趋势、极端化的视觉表现引起消费者的注意。"它的苦更甜美"（咖啡广告）；"今年二十，明年十八"（化妆品广告）；"沐浴后，'干净'不是好现象，妮维雅乳液使你的肌肤净而不干，滋润又健康"（沐浴露广告）。这几条广告文案看似与常识、常理、

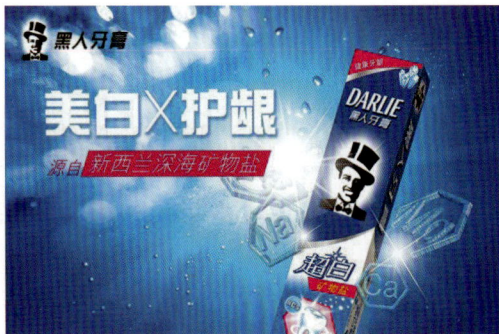

图3-4　定位"洁白牙齿" / 黑人牙膏

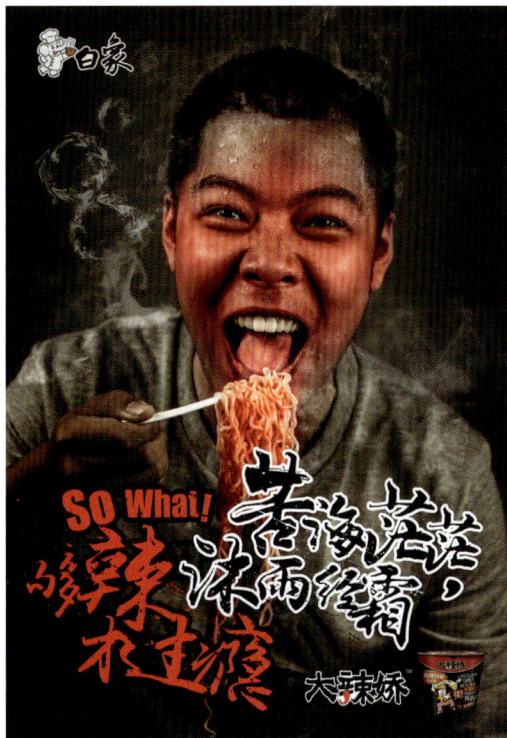

图3-6　第十四届学院奖春季赛获奖作品 /《我的味蕾狂欢》/ 大辣娇

常规相矛盾，但当人们将广告文案与产品或特定的情境联系起来思考时，就会感到悖理的后面是合情合理。

促销力就是将陌生的产品让消费者熟悉起来。广告是一种传播艺术，无论是公益广告还是商业广告，都具有很强的功利性和目标导向性。熟悉的产品比陌生的产品更能刺激到消费者的信心，因此当消费者面对两种商品，但又不知道任何一种商品的特性时，他一定会选择较为熟悉的产品。所以，一条广告除了提到商品的名称而起到宣传效果以外，也会因该商品的"熟悉感"而有助于其销售。如李宁体育品牌，每年都在高校举办体育竞赛活动，让不断成长的年轻人持续品牌认知，利用消费者"熟悉"的效应来销售产品（图3-7）。

图3-7　运动起来，让改变发生 / 李宁

（四）广告实施策略

广告策划要实现由观念形态变为现实的行动，就必须有具体的广告实施策略。

广告实施策略是按照竞争制胜的原则，围绕广告目标，因广告环境、目标消费者、时间地域不同而采取的科学合理、有序推进的策略，从而使广告策略克服种种因素的制约，发挥最佳效应。

广告实施策略可以从两个角度去考察：一是广告实施的环境，二是广告对象的范围。

广告实施的环境：广告实施环境对广告传播来说是一个不可控因素，因为广告仅仅是市场营销组合的一个子系统，而广告实施是为了适应市场环境，增强产品的销售，实现企业目标。因此，广告策划要充分考虑广告实施的政策人文环境、产业发展环境、企业自身环境和产品竞争环境。有共同特征的自然地理、风俗习惯、民族或语言等环境条件时应优先实施。

广告对象的范围：正确选择广告送达对象的范围，利用广告的空间效果促进商品销售，是广告实施策略的关键所在。在什么区域范围开展针对性广告宣传，主要是根据广告对象的情况来确定的。从竞争的角度看，为了培养消费偏好，提高市场占有率，应该加强广告实施范围的管理，挖掘广告实施范围中的潜在消费者。重点开拓哪些地区，再扩大到哪些范围，如何占领与转换市场等推进路线，应有战略上的考虑与配合。

三、广告媒介

广告媒介是进行广告宣传的物质手段和工具。

（一）广告媒介的选择

广告媒介的选择就是根据广告产品定位和市场环境需要，对广告媒介进行选择和搭配运用。其目的在于以最低的投入取得最大的广告效益。媒体选择策略过程实际是媒体之间的比较分析过程，是在有效地接触目标受众和广告费用许可这两个条件约束下进行的。其选择过程需要考虑各种广告媒介的传播特点、广告商品的特征、消费者的媒介接触习惯和方式、广告目标的要求、市场竞争的状况、国家法令的规定、广告费用的支出等各种因素。

因素1：传播特点。一种商品广告究竟选择哪种媒体才能收到最好的广告效果，首先决定于广告媒体的性质和传播特点。因为，媒体传播范围大小，发行数额多寡，会影响视听人数；媒体的社会文化地位是否与广告的读者层或视听层相适应，会影响广告的效果；媒体的社会威望对广告的影响力和可信度有重要影响。例如，电台的影响力就不如微信的影响力广泛。因此，在选择媒体时，要事先对媒体有所了解，如运用得当就能收到好的效果（图3-8）。

因素2：广告商品特征。不论生产资料还是消费资料，各种商品的特性都有所不同，具有不同特性的商品，消费对象不同，媒体的适应性也不同。所选择的媒体要能够体现广告商品的特征，有利于表现广告主题，有利于与目标受众沟通。例如，儿童用品广告可选用电视广告，因为电视广告深入到各个家庭，儿童和家长的收视率高。文娱广告，则可使用报纸、电视、广播、招贴等媒体，因这些媒体接触面广，时效性强。虽然广告的表现战略和媒体战略是分别展开实施的，但都是为实现广告目标服务的，选择媒体时也要想到如何能使广告作品充分发挥作用。

因素3：消费者的媒介接触习惯和方式。广告媒体的选择一定要考虑消费者的生活习惯、媒介接触习惯和方式。人们常常是根据个

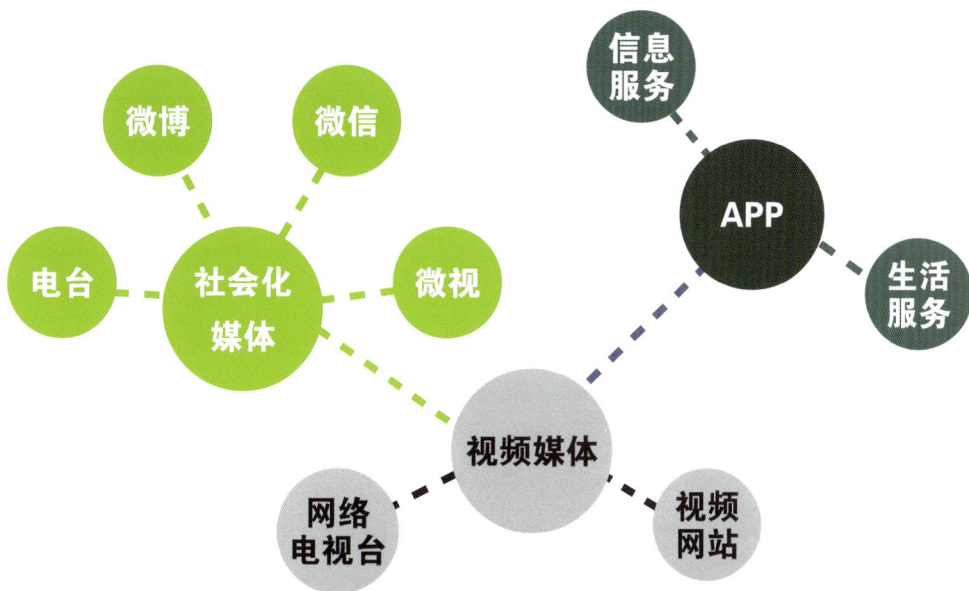

图3-8 广告媒介类别

人的职业、兴趣、文化程度等来选择传播媒体，这种对媒体的接触习惯，对广告效果影响甚大。广告对象与媒体对象越接近，广告效果就越大。例如，旅游服务业广告，就可使用电话簿媒体，以便于旅游者和个人寻找广告。又如，日用生活用品广告，就可使用广播广告，因为人们多半喜欢边做家务边听广播。因此，认清消费者的生活习惯和接触媒体的习惯，有助于有效地选择媒体。

因素4：广告目标要求。广告主发布广告信息都有特定的目标要求，这个目标是由企业的经营活动决定的。因此，选择广告媒体必须考虑广告目标的因素，看其是否能与企业的经营活动紧密结合。如果广告目标是在短期内迅速扩大影响，那就应该选用时效性强、接触面广的地方报纸、电视和广播等媒体。假如广告目标是为上门推销创造条件，那就应选用邮政和小册子等印刷广告，使推销对象对产品事先有所了解，为随后的上门推销打好基础。

因素5：市场竞争状况。广告宣传竞争是市场竞争的一个重要方面，为了配合市场竞争，不但广告内容和策略上不同，就是选择媒体也要有区别。企业在选用广告媒体时，要结合市场竞争情况选择适当媒体。每年的春节前一个月，企业对媒体的争夺是十分激烈的。各个品牌、各个商品都会提前做好媒体的争夺战。企业不仅在各类广告媒体抢占信息发布先机，还在各商场的有效场地竖起大面积广告宣传牌，并在各处有利位置设促销点，在促销期间向消费大众散发赠券，举行各类型的展销会和促销活动。

因素6：国家法令规范。广告媒体选择应符合国家法令的条文规定，不能发布低俗、恶俗的广告内容和违禁广告。根据国家制定的广告法规，有的广告媒体不准发布某些商品的广告或加以限制。如《中华人民共和国广告法》规定："禁止利用广播、电影、电视、报纸、期刊发布烟草广告"，"禁止在各类等候室、影剧院、会议厅堂、体育比赛场馆等公共场所设置烟草广告"，"烟草广告中必须标明'吸烟危害健康'"。

因素7：广告费用的支出。企业发布广告依据自身的财力来合理地选择广告媒体。广告费用包括媒体价格和广告作品设计制作费。同一类型的广告媒体，也因广告的时间和位置不同，有不同的收费标准。在选择广告媒体时，不仅要考虑广告价格的绝对金额，也要考虑广告价格的相对金额，即广告实际接触效果所耗的平均费用。因为往往有这样一种情况：如从广告绝对金额看，是不合算的，但从相对金额看，则是合算的。

一般来讲，企业选择媒介做广告，要结合当前与长远的发展战略目标做出决定。比如新产品上市时，为了吸引社会关注和打动经销商，就要考虑选择主流的广告媒介。如果要拉动终端销售，则应考虑选择目标市场的大众媒介。在确定了选哪种媒介这个大方向后，要对同一类型的所有媒体进行评估，具体参考指标有：发行量、受众总量、有效受众、受众特征、媒介本身的地域特征、广告的单位成本、广告的时段等。下面着重从有效受众、广告的单位成本和广告时段进行分析。

有效受众：指在媒介的所有受众中，那些对自己广告诉求内容比较关注和敏感的人群。在媒介的总受众人群里，特定的广告针对特定的人群进行诉求，而这些人群只占总体受众的一部分，这才是有效受众。对同一则广告而言，企业可根据自身实际，确定选择全网营销还是单一平台营销，如果媒介受众大部分是自己的有效受众，那么，它所获得的广告效益就好，反之则低。

广告的单位成本：广告费用一般包括广告制作价格和广告媒介价格。同一类媒介之中，由于有效受众数量的不同，价格也会有天壤之别。通常情况下，我们可以根据它们的千人成本来衡量它们的价值。千人成本指某一媒介发布的广告接触1000个受众所需要的费用，一般的计算公式是：广告费用除以媒介的受众总量再乘以1000。这个尺度可以明确地显示出在某一媒介发布广告的直接效益，因此常常被作为评估媒介的重要量化标准。

广告时段：同一媒介不同时段和版面的广告投放效果迥然不同。比如电视广告，每晚七点左右为黄金时期，报纸广告则是每周四、周五的效果最佳。就报纸媒介的广告效果来说，报纸的头版和最末版，无疑是最好的，其他如新闻版、财经版、特稿版，也不失为理想的版面。确定了版面以后，要争取发布的位置具有吸引力，周围不出现品牌地位比自己低、内容恶俗的其他广告，以免受众混为一谈，损害自己的品牌形象。如果自己的品牌地位不高，就要争取与地位高的品牌并列发布，这样既能吸引更多的关注，又有助于提升品牌地位。

（二）广告媒介的组合

媒体组合是广告媒体战略的核心和主框架。运用媒体传递广告信息主要有两种方式。一是单个媒体的运用，即通过经验和筛选的方法，选择运用某一种广告媒体传递有关信息内容。这种方式，主要是一些小型企业、或大型企业临时性短期需要时运用。二是进行媒体组合的运用，实质上是对广告媒介进行多元的选择和搭配。

要使广告组合投放的收益最佳，必须遵循效益最大化原则。组织投放广告应该最大程度地互补挑选媒介，满足广告发布覆盖最大的有效受众；需要广告有一定的频率反复提醒和巩固，延长受众对广告的注意时间。在媒介组合中，还应该考虑时间上、空间上的交叉配合，对在各种媒介上发布的广告规格和频次进行合理的组合，以保证在达到广告效果的情况下，节省广告费用（图3-9）。

广告媒介的组合是一种综合性的媒介选择与运用策略，是未来媒介产业发展的一种趋势，特别是数字媒体和互联网络的出现，加快了媒介组合的步伐，深刻地影响着人们接触媒介和运用媒介的基本方式（图3-10）。

（三）广告媒体的投放时机

广告的媒体投放时机是对广告推出的时间、频率所作的具体安排。在同质化市场状况下，企业产品的竞争环境总是处在变化之中，正确把握广告的时机，是提高广告宣传效果、促进企业产品销售的重要一环。

节假日时机：节假日有政府法定和民间风俗形成等形式，由于节假日人们闲暇时间增多，往往形成某种消费高潮。节日消费一般具有明显的特点，如传统的春节、元宵、清明、中秋等，这类广告要求有自己的特色，推动节

图3-9 广告媒介组合投放流程

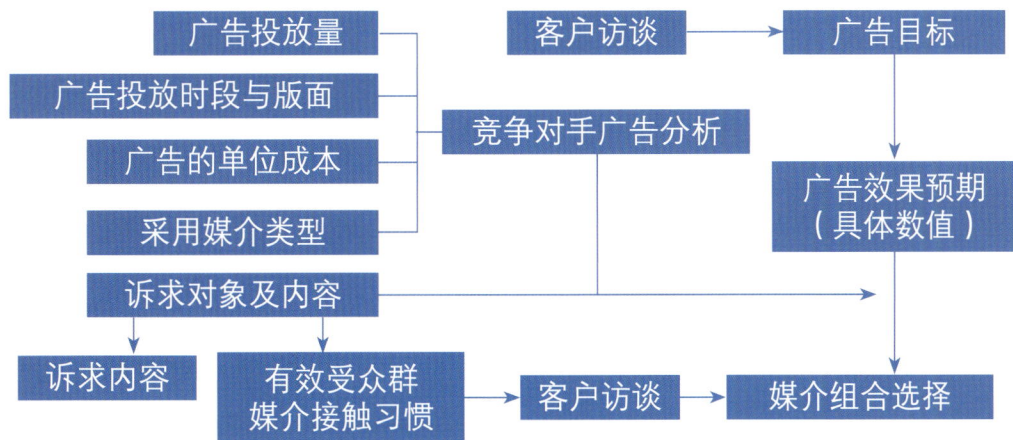

图3-10 竞争对手的广告分析

日消费形成高潮。假日消费以日常生活用品和娱乐性消费居多。零售企业和服务行业一般在节假日数天前便开展广告宣传，让消费者有充裕的时间酝酿和形成消费动机。节假日过后，宣传便告一段落（图3-11）。

季节时机：季节性商品一般有淡旺季之分，企业往往抓住旺季销售的大好时机，投入较多的广告费，增大广告推销力度。转入淡季后，广告宣传在数量和频度上都适当减少。当然，少数商品也采用反季节广告宣传方式。

"黄金"时机：数字化营销竞争的大背景下，传统的大水漫灌投放式营销模式已经很难满足广告主的需求。广告主总会利用广告发布的最佳"黄金时机"投放广告。如中央电视台黄金时段的广告竞拍，线上营销的

"618""双十一"。如京东在"618"这个特殊环境下以提振消费信心为契机，开启供应链价值仪式为消费者服务，其他头部品牌商家也希望借助这次促销，打破之前销售增长的瓶颈，中小商家更需要"ROI洼地"，以更少预算带来更多的订单（图3-12）。

重大活动时机：企业每年都有几次重要活动，如企业的开张、庆典或获奖时机，以及某些重要文化或体育赛事等活动，这些活动都是推出广告的极好时机。这些广告由于注意融入节日或文化气氛，所以广告信息具有易被接受、传播面广及效果好的特点。

（四）新媒体广告传播特点

新媒体是相对旧媒体而言的一种新建立在数字技术和网络技术等信息技术基础之上的

图3-11　节假日广告宣传 / 端午节、中秋节

图3-12 电视台黄金广告位招商宣传

信息载体，包含了所有数字化的媒体形式。常规讲的"新媒体"是继报纸、广播、电视、杂志四大传统媒体之后在新技术体系支撑下出现的媒体形态，包括互联网、网络广播、网络电视、手机电视、IPTV、数字杂志、数字报纸、数字广播、手机短信、移动电视、触摸媒体等。如果传统媒体开始利用信息技术改造自身运营模式，那么这些传统媒体也可以变成新媒体。新媒体具有以下传播特点。

1.传播方式双向化

传统媒体信息传播的方式是单向的、线性的、不可选择的，表现为特定的时间内由信息的发布者向受众发布信息，受众被动接收信息，缺少信息的反馈。这种静态的传播使得信息流畅性弱，传播效果不佳。而新媒体传播方式是双向的，每个受众既是信息的接收者，也是信息的传播者，传、受双方不再固定，而是可以随时进行角色互换，互动性强，传播效果明显。

2.接收方式从固定到移动

无线移动技术的发展使得新媒体具备移动性的特点，通过移动互联网技术，使得用手机浏览网页、看电视等实现动态化，不仅仅局限于固定场所。

3.传播行为更加个性化

新媒体的时代是一个"受众个性化"的时代，它实现了信息传播与收阅的个人化，促使传统媒体中"被动接收信息"的受众转变为主动寻找和制作信息的用户，使得每一个人都可以"专线"提供发布受众需要的"定制"的信息。这是一个基于用户个人建立起来的双向交流的传播行为，传播内容与传播形式等完全是"我的地盘我做主"。

4.传播速度实时化

相对于传统传播媒介的传播方式，新媒体的传播借助互联网技术，使信息传播变得更加迅速，实时接收信息、实时做出相应反馈已不再困难。

5.传播内容多元化

从传统媒体到新媒体，最大的变化同时体现在传播内容的多元化和融合化。传统纸质媒体通过平面展示文字信息、图片信息，而如今，借助新媒体形式，同时传播带有文字、图片、声音等的信息已成为可能，提高了信息量，提升了信息广度（图3-13）。

（五）新媒体广告传播重点

中国媒体正进入多元融合时代，若想把握好传统媒体和新媒体的竞争与融合，不仅要了解不同媒体覆盖人群范围，实现精准营销；也要了解不同媒体覆盖场景效果；还要了解不同媒体风格调性，考虑这个媒体本身的内涵和气质是否和目标群体的价值观、生活习惯相契合。因此，整合媒体资源的联动效应，突出媒体多元传播优势，就要注意以下几点。

1.转变关注重点

从"线下布点"转移到"线上营销"。重视新媒体传播方式已成为企业公关的方向。企业应利用官方微博等平台即时公布信息，并即

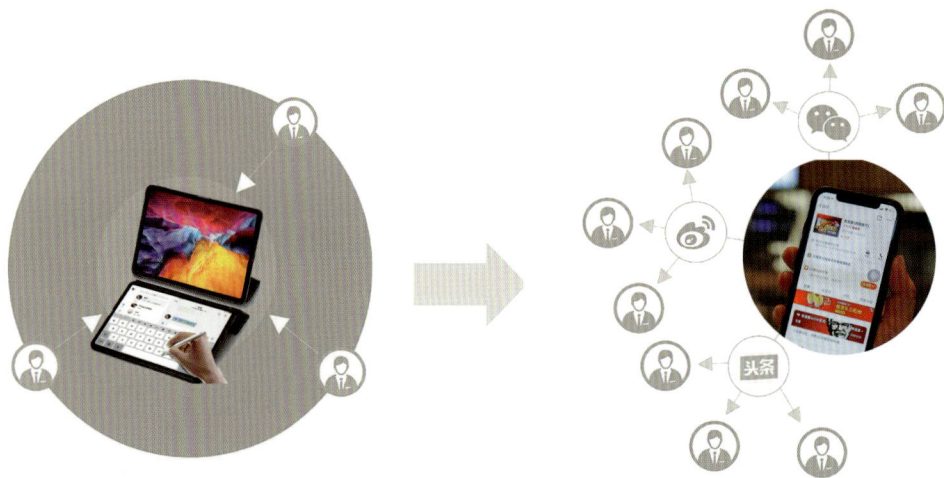

PC互联网时代

- 中心化，引流制
- 信息集中，密度低
- 品牌营销效率相对高

移动互联网时代

- 去中心化，投送制
- 信息分散，密度高
- 品牌营销效率被降低

图3-13 新旧广告媒体传播对比

时收集反应，进行信息跟进与调整。

2. 改变传统的传播观念

从"搞定媒体"过渡至"搞定营销话题"。传统的舆论引导，更多依赖于传统媒体和记者的关系维护，如今，网络信息源多而不可控，企业在媒体前处理非常有限，因此，如何"搞定营销话题"及处理环节成了关键。企业的每一步表态和应对，都对传播效果的好坏有直接影响（图3-14）。

3. 顺应传播趋势

从"官方发声"时代进入"个性表达"时代。网络是个更贴近受众、更平民化的平台，这要求企业在网络上的态度也须从官方发布向真诚交流转变，语言上更应注重个性的表达。

充分展现诚意，是新媒体公关的重要一步。

4. 提升文化品位

新媒体作为一种特殊的载体，有着广泛的受众。媒体传播在优秀文化传承、社会舆论引导、文化产业推进等方面发挥着重要的作用。身处信息全球化的大环境之下，我国在建设文化软实力和文化品位方面也需要进行必要的创新和探索。在内容传播上主动贴合主流意识形态，贴近公众生活审美需要，面对社会热点，应巧妙挖掘"话题"的文化品位，使媒体传播与文化品位的宣传有机地结合起来。进而提升我国主流意识形态凝聚力、吸引力，且依靠对文化创造力的不断巩固，来支持广告产业发展中的创新步伐。

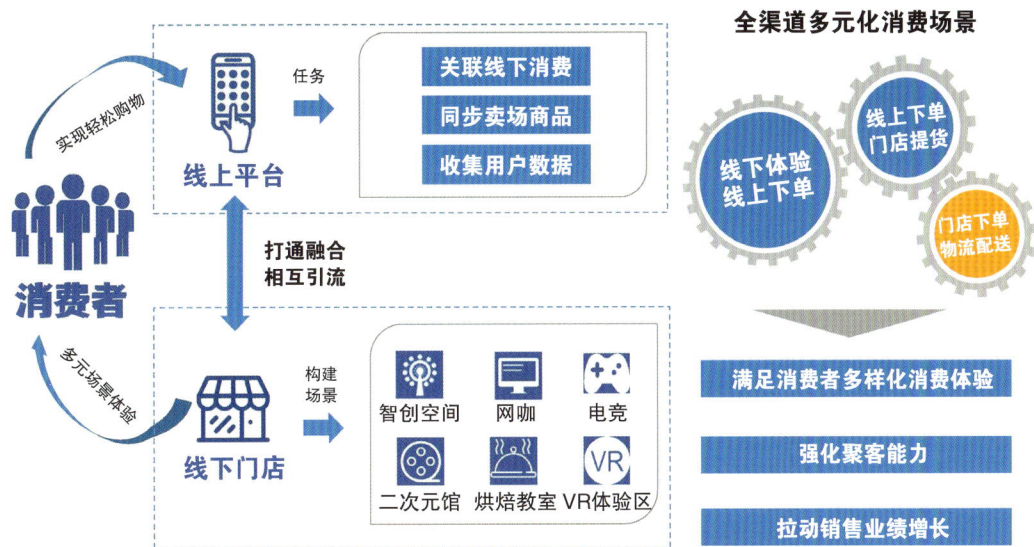

图3-14 移动终端多元化

四、拓展资源

下面为几种比较常见的新媒体营销方式。

事件营销：是通过策划、组织和利用具有新闻价值、社会影响及名人效应的人物或事件，吸引媒体、社会团体和消费者的兴趣与关注，以求提高企业或产品的知名度、美誉度，树立良好品牌形象，并最终促成产品或服务的销售手段和方式。

口碑营销：口碑源于传播学，被市场营销广泛地应用。传统的口碑营销是指通过朋友、亲戚的相互交流将自己的产品信息或者品牌传播开来。在信息媒体快速发展的今天，消费者对广告，甚至新闻，都具有极强的免疫能力，只有制造新颖的口碑传播内容才能吸引大众的关注与议论。

"病毒"营销：是利用公众的积极性和人际网络，让营销信息像"病毒"一样被快速复制，传向数以万计、百万计的受众。"病毒"营销是一种常见的网络营销方法，常用于进行品牌推广、微信推广等。

饥饿营销：就是商家采取大量广告促销宣传，勾起顾客购买欲，然后采取限量营销手段，让用户苦苦等待，结果更加提高了用户的购买欲，有利于其产品提价销售或为未来大量销售奠定客户基础。例如日常生活中常常碰到买新车要交定金排队等候，买房要先登记交诚意金，购买商品有"限量版""秒杀"等，都属于饥饿营销的方式。采取"饥饿营销"的前提是在市场竞争不充分、消费者心态不够成熟、产品综合竞争力和不可替代性较强的情况下，才能较好地发挥作用，否则，就只能是一厢情愿。

知识营销：通过有效的知识传播方法和途径，将企业所拥有的对用户有价值的知识（包括产品知识、专业研究成果、经营理念、管理思想，以及优秀的企业文化等）传递给潜在用户，并逐渐形成对企业品牌和产品的认知，为将潜在用户最终转化为用户的过程和各种营销行为。

互动营销：互动营销中的双方一方是消费者，一方是企业，只有抓住共同利益点，找到巧妙的沟通时机和方法才能将双方紧密地结合起来。互动营销尤其强调双方都采取一种共同的行为。

情感营销：把消费者个人情感差异和需求作为企业品牌营销战略的情感营销核心，通过借助情感包装、情感促销、情感广告、情感口碑、情感设计、企业文化等策略来实现企业的经营目标。

会员营销：是一种基于会员管理的营销方法，商家通过将普通顾客变为会员，分析会员消费信息，挖掘顾客的后续消费力，汲取其终身消费价值，并通过客户转介绍等方式，将一个客户的价值实现最大化。会员营销，通过会员积分、等级制度等多种管理办法，增加用户的黏性和活跃度，使用户生命周期持续延伸。

五、案例赏析：电梯框架媒体运用

广告产品：美可卓Maxigenes奶粉

广告代理：Z+之外创意https://www.digitaling.com/projects/189559.html

美可卓Maxigenes奶粉，长期占据中国电商平台成人奶粉品类第一，又被消费者亲切地称为"蓝胖子"奶粉。当一款产品成为爆品，模仿者就会闻声而来。

当人人都说自己是"蓝胖子"的时候，美可卓反其道而行，在全国各地电梯框架喊话官宣："宝～没有小蛮腰，也别叫我胖子，叫我美可卓。"

这张纯文字海报，没有产品，没有搜索框，甚至没有品牌logo，在一众叫卖式电梯广告中显得与众不同。

线下媒体通过直白句式调动消费者思考。了解美可卓的人会想到："这是我喝的那个美可卓吗？"不了解美可卓的人，纯文字海报会让他们好奇地掏出手机搜索、讨论。同时在广州著名地标"小蛮腰"（户外媒体）调皮回复："好的～美可卓，我有小蛮腰，也不会叫你胖子。"两大户外媒体隔空互动，进一步激发了消费者的好奇心，部分网友表示，即使知道这是个广告仍忍不住搜索"美可卓"。

线上媒体通过微信、网络大V以"宝～没有____，也别叫我____，叫我____"句式发文，网友脑洞大开加入创作，掀起了一阵"叫我美可卓"模仿热潮。充分调动消费者好奇心的同时，美可卓在百度、微博等平台做好了信息流量承接，当消费者在各个平台搜索"美可卓""蓝胖子""叫我美可卓"等关键词时，均会出现品牌相关的信息，从而形成完整闭环，美可卓品牌知名度大幅提升。

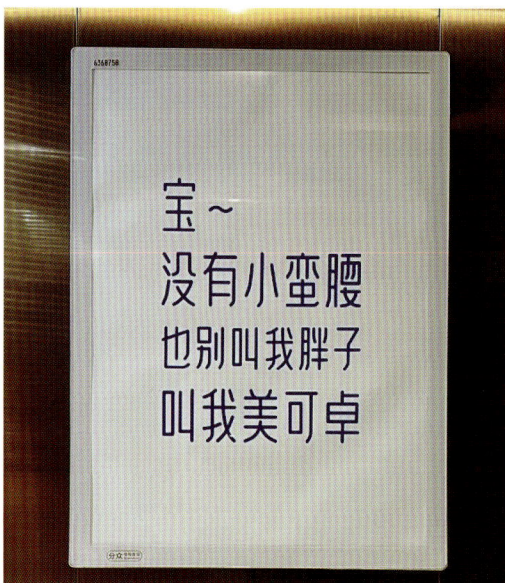

六、课后实施

学生以具体的广告项目为任务驱动，分组进行某个产品的广告策划分析报告的撰写，形成PPT文稿。主要包括以下内容。

1. 市场洞察：对有关信息和数据掌握充分，市场调查安排，确定要向什么市场、什么用户进行何种方式的调查。分析消费者心理与行为，把握住消费者的需要、动机、态度、情感与情绪等心理因素。

2. 创意阐述：分析广告商品的特殊个性与特定用户所需求的关系。确定商品的市场定位——符合消费者的心理需求。提炼广告策略诉求概念，激发消费者的购买动机与欲望。

3. 广告媒介安排：选择媒介和发布时机，发挥广告媒介组合的作用，扩大广告传播效果。

【网络资源推荐】

微知库：http://csmz.36ve.com/

中国大学MOOC（慕课）：https://www.icourse163.org/

智慧职教：https://vocational.smartedu.cn/

【学习书籍推荐】

[1] 卫军英.《现代广告策划——新媒体导向策略模式》，首都经济贸易大学出版社，20117.07.

[2] 孟克难.《广告策划与创意（第2版）》，清华大学出版社，2021.01.

[3] 佘世红.《移动互联网时代的广告策划与创意》，华南理工大学出版社，2019.08.

[4] 崔银河.《广告媒体策划与应用（第二版）》，中国传媒大学出版社，2017.07.

模块四

广告创意与发想

MODULE FOUR
ADVERTISEMENT
CREATIVITY AND
THOUGHT

课前导学 ///
广告创意的灵感在哪里找？如何找？

课程思政元素 ///
广告创意必须符合伦理道德标准。

案例解析 ///
创意+公益行动："告白"地球，为地球去"屑"。

模块四　广告创意与发想

一、模块导学

（一）课前导学

广告策划是创意的前提，是对创意的指引与规范，是创意的"思维导图"。广告策划是解决广告"说什么"的问题，广告创意是解决"怎么说"的问题。

广告创意的灵感在哪里找？如何找？通过接下来的广告创意与发想的学习，同学们将能够使在广告策划阶段形成的广告目标，转化成富有创造性的"点子"，使之成为能引起人们注意、让人震撼、触动人内心情感的优秀广告作品。

（二）课程思政元素

在当今全媒体时代，广告对人的影响范围和程度在不断扩大、加深。基于此种形势，需要广告创意必须符合伦理道德标准，以促进社会的和谐发展。用案例直观传达广告创意必须遵循伦理道德原则，向受众传递主流价值观，创意元素应以弘扬中华优秀传统文化为主，讲好中国故事，激发和增强学生的民族文化自信心和自豪感，引导良好社会风尚，把低俗与暴力内容作为禁区；在广告创意实践实训中要"敢于直面困难，自觉把使命放在心上、把责任扛在肩上"，务实求真，有良好的公益精神以及群体意识和团队协作精神，借助理论解读、广告案例分享提升广告文化品位，在学习专业知识和技能的同时，也培养学生的爱国主义、职业素养和科学探索精神。

（三）案例解析

创意+公益行动：告白地球，为地球去"屑"

品牌/广告主：康王

广告产品：康王药用洗发水

广告代理：有门互动案例

网址：https://www.digitaling.com/

projects/189447.html76

1. 创作者寄语

作为药类洗发水的康王品牌，如何突破壁垒，进一步拉开与普通洗发水常规打法的距离，提升品牌从凭借"产品力"升级为凭借"品牌力"的格局，在营销中有所创新，成了品牌营销的最大命题。此项目通过携手公益组织"捡拾中国"，并联动全国六大连锁品牌药房共同发起"告白地球，为地球去'屑'——城市捡跑英雄赛"，实现多平台联动。康王成功塑造了有温度、有深度的品牌形象，在受众的心目中也成了一个具有社会责任感与情感附加值的品牌。

2. 洞察与策略

立足社会责任驱动的洞察点：在我国，城市生活垃圾产生量每年约为2亿吨，并且数量仍在逐年上升，城市中到处能看到被随意丢弃的塑料奶茶杯、一次性购物袋、一次性餐具、烟头等，包括这两年因为疫情所产生的大量废弃口罩也随处可见，这些"白色垃圾"对环境的危害极为严重，它们就像地球的头屑，影响着每个人的生活。康王在品牌获得长足发展的同时，不仅致力于解决消费者头皮的健康问题，也一直致力于为人类生活环境的健康尽自己的责任，贡献自己的力量。而新成长起来的Z世代，也有着极强的正义感和责任感，同样热衷于公益和环境的保护。在这样的状况和共通的价值取向中，康王与Z世代一拍即合！

3. 创意阐述

康王品牌可以为消费者去屑，为什么不能给地球去屑？康王所解决的头皮健康问题里，"头屑反复"是主要病症，如果把地球比喻成

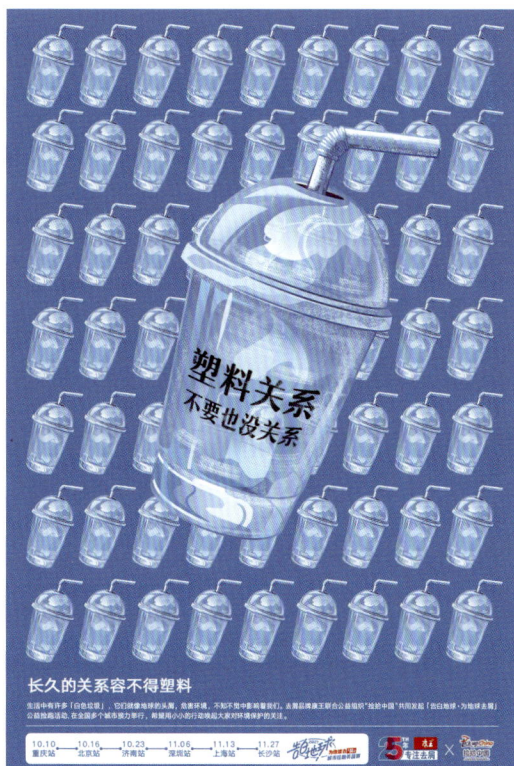

头皮，那么"头屑"会是哪种危害？"白色污染"！不仅都是白色，而且也是反反复复，难以根治，既"匹配"品牌，又具有积极的意义。

清除地球"头屑"般的"白色垃圾"，让地球告别"白色污染"，为地球的环境保护贡献康王品牌的力量。于是"告白地球，为地球去'屑'"公益行动来了。

广告文案：

"不装了，自然不需要你，真正的环保不需要包装"。

"塑料关系，不要也没关系，长久的关系容不得塑料"。

"这一次，是最后一次，一次性的便利却留下永久性的伤害"。

4.执行与影响

携手公益组织"捡拾中国"，并联动全国六大连锁品牌药房共同发起"告白地球，为地球去'屑'——城市捡跑英雄赛"，活动历经2个月，接连落地全国6个城市，重庆、北京、济南、深圳、上海、长沙发布致力关注户外垃圾的公益团队招募海报。

最终"告白地球，为地球去'屑'——城市捡跑英雄赛"完成了一次穿透Z世代圈层的传播运动，借助媒体报道、药房的覆盖、明星主播的传播及KOL/KOC的影响力，实现多平台联动、全链路转化。同时"告白地球，为地球去'屑'"将成为康王品牌的公益IP，在未来几年逐步打造升级，影响更广泛的群体。

从广告策略到广告创意，就是从抽象概念转换到可视形象的过程，是思维方式、表达方式的转换，是"从内容和视觉的角度达成广告策划的预期目标"。广告创意是广告一个非常重要的创造性环节，我们常说"创意是广告的关键""创意是广告的灵魂与生命""创意是广告活动的中心"，从广告的整体角度来说，广告创意的重点就在广告信息内容表达的创想上。

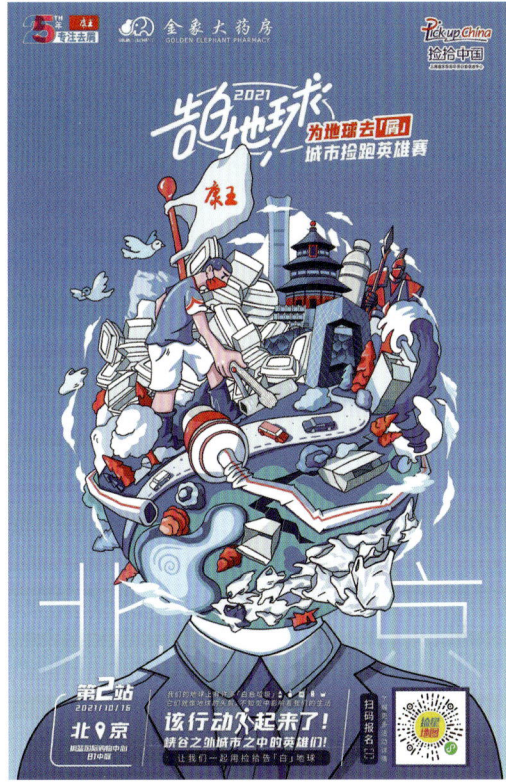

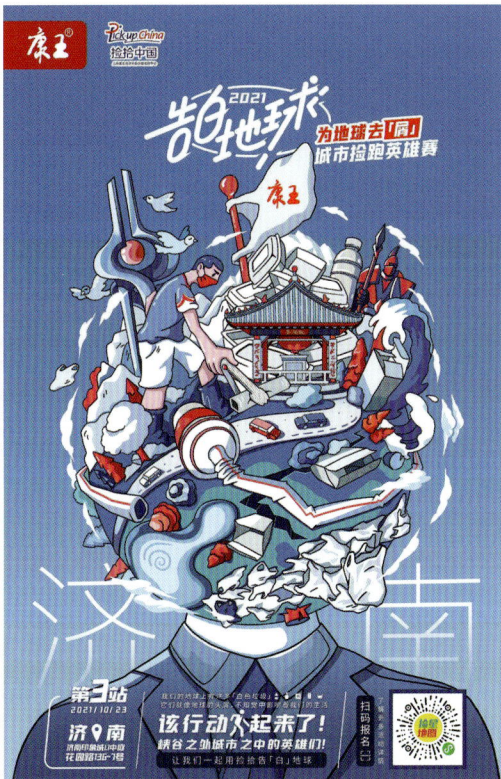

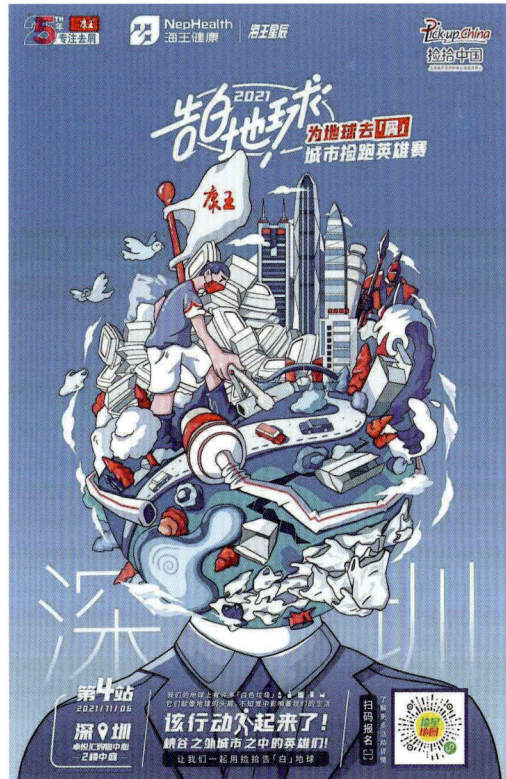

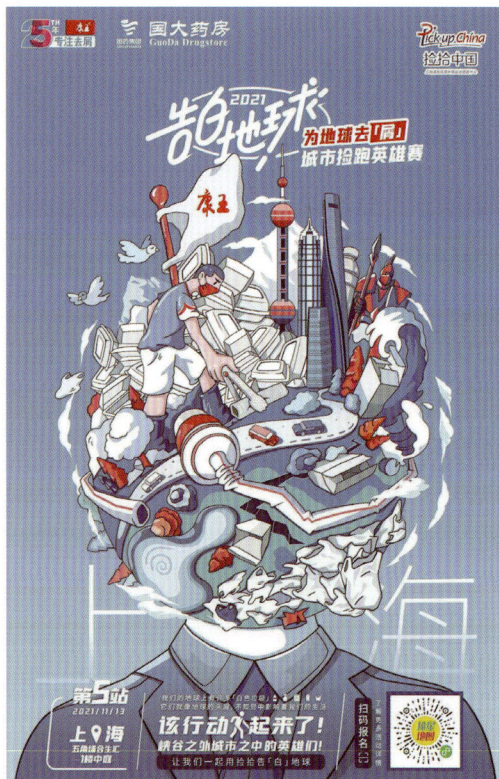
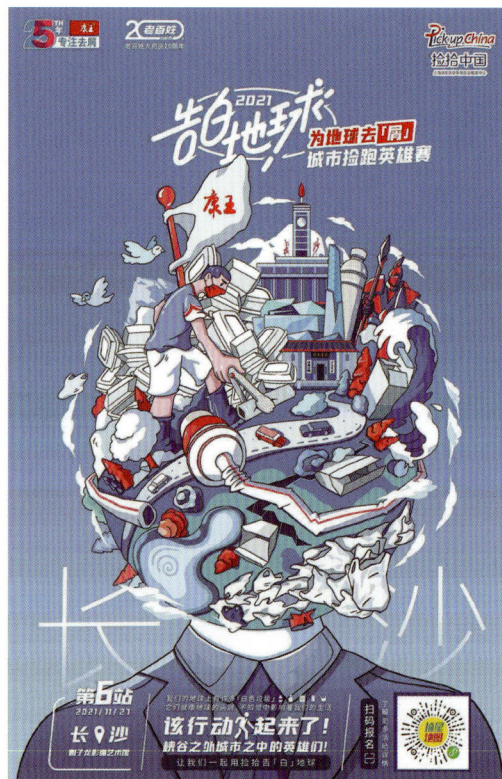

二、广告大师创意理论

广告的创意思维往往具有复杂的思辨性和较高的实践需求，其内在的创新意识和系统的作业程序非常重要，广告行业经过几十年的发展和经验积累，形成了比较突出的有代表性的科学派和艺术派大师的创意思维：认为广告是科学的代表人物有罗瑟·瑞夫斯（USP理论）、大卫·奥格威（BI理论），他们注重调查分析、实事求是，客观传达广告信息；认为广告是艺术的代表人物有李奥·贝纳（与生俱来的戏剧性）、威廉·伯恩巴克（ROI理论）、詹姆斯·韦伯·扬（旧元素，新组合）、艾·里斯和杰克·特劳特（定位理论）。

（一）科学派广告大师创意理论

罗瑟·瑞夫斯、大卫·奥格威认为"广告是科学的"，广告从来就不是单纯的艺术创作，广告作业应该运用科学精神，让每一项广告投资的实际成效都计算清楚，提出独特销售主张（USP理论）、品牌形象理论（BI理论）来表现广告的实际价值。独特销售主张（USP理论）从产品内部找产品诉求点，而品牌形象理论（BI理论）则是从产品外部来说明产品。

1. 罗瑟·瑞夫斯——独特销售主张（USP理论）

独特销售主张（USP理论）是广告发展史上最早一个具有广泛影响的广告理论，由广告科学派的忠实卫道士罗瑟·瑞夫斯（达彼思广告公司的董事长）提出，他认为：每一种商品都应该拥有自己的独特性，并通过足量的重复，把这种独特性传递给受众。

他提出："每一则广告都必须向消费者提供一个独特的销售主张。"广告应该反复强调一个主张，或一项有效诉求，或一个强烈的

售卖概念，应该是消费者从广告中领悟到的价值，而不是文案人员硬加在广告里的说辞。

USP理论有三部分：第一，有明确的售卖概念。必须对受众说明买这样的商品，将得到怎样的特殊利益。第二，售卖概念的独特性。售卖概念应该是竞争对手无法提出或不能提出的，没有被其他竞争者宣传过的诉求。第三，售卖概念必须能够推动销售，能够影响消费者的购买决策，促使新顾客来购买商品。独特销售主张（USP理论）视消费者为理性思维者，广告应建立在理性诉求上，将特有的许诺和购买理由作为广告创意前提。

USP理论的核心就是发现商品独一无二的好处和效用，并有效地转化成广告传播的独特利益承诺、独特购买理由，进而诱导消费者，影响消费者的购买决策，从而实现商品的销售。图4-1为瑞夫斯为高露洁牙膏发掘的一个独特销售主张（USP理论），当时大多数的牙膏广告的着眼点集中在"固齿""防蛀"上，几乎所有薄荷味的牙膏都具有清新呼吸的功效，在这样的背景下，瑞夫斯在高露洁牙膏第一个宣称"清洁牙齿，清新口气"的售卖概念。从此之后，高露洁牙膏的这条广告语便一直沿用至今。

2. 大卫·奥格威——品牌形象理论（BI理论）

品牌形象理论（Brand Image）是大卫·奥格威提出的创意观念。他认为品牌形象不是产品固有的，而是经由各种不同推广技术，特别是广告传达给顾客及潜在顾客的，每一则广告都应是对构成整个品牌的长期投资，每一品牌、每一产品都应发展和投射一个形象。消费者购买的不只产品，还购买承诺的物质利益和心理的利益的结合，因此，描绘品牌形象比宣

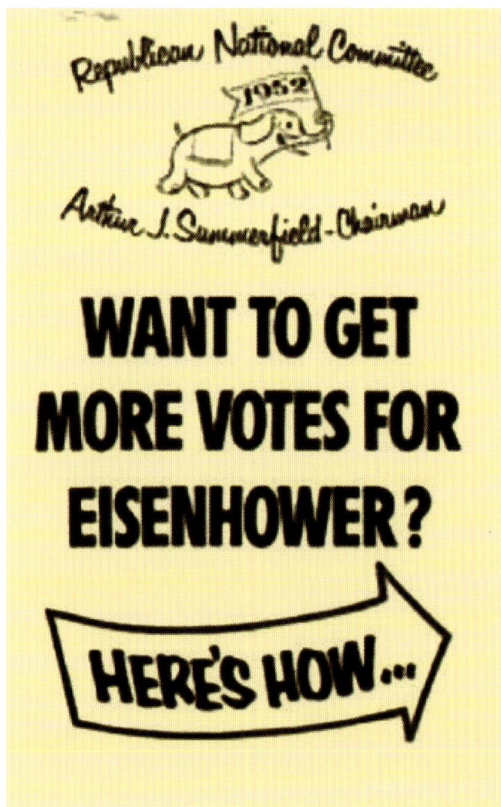

图4-1 高露洁牙膏广告 / 罗瑟·瑞夫斯

传产品的具体功能特征更加重要。

大卫·奥格威认为广告不是艺术，广告的功效应是信息的媒介，它唯一正当的功能就是销售，而不是某种艺术的形式。广告应从推销的立场出发，从市场调查的立场，从消费者的角度，从客户的角度思考创意，必须来自科学的调查研究，而不是个人的主见和想当然。广告所要解决的核心问题是广告诉求内容（信息）的科学确立，堂堂正正地、明确地传达商品的功用，寻找商品最大功用是广告作业中最大的使命。

奥格威创作的经典广告《穿哈撒韦衬衫的男人》，选用俄国贵族乔治·蓝吉尔男爵做模特儿，这位戴黑眼罩仪表非凡的男人穿着哈撒韦衬衫，使人产生了惊人的印象。模特儿高

贵的身份和潇洒的神态表现出哈撒韦的高级品位。他身后的背景是一间豪华的制衣车间，这就巧妙暗示出哈撒韦衬衫的制作精良，形象非同一般（图4-2）。

图4-2 哈撒韦衬衫广告 / 大卫·奥格威

（二）艺术派广告大师创意理论

1. 李奥·贝纳——与生俱来的戏剧性

李奥·贝纳认为：广告就是"找出商品使人们发生兴趣的魔力"。"每一件商品，都有戏剧性的一面。我们的当务之急，就是要替商品发掘出以上特点，然后令商品戏剧化地成为广告里的英雄"。他强调：广告人"最重要的任务是把它（戏剧性）发掘出来加以利用"。

"你能不能听到它们在锅里嗞嗞地响？"这是李奥·贝纳为美国肉类研究所芝加哥总部做的"肉"广告文案中的第一句话（图4-3）。尽管李奥·贝纳有万宝路香烟广告、

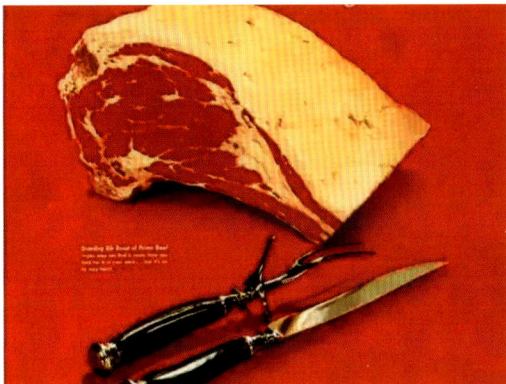

图4-3　美国肉类研究所广告／李奥·贝纳

绿巨人罐装豌豆广告等惊世骇俗之作，但是，他却把这则广告看成他的广告公司划时代的重大事件之一。

"与生俱来的戏剧性"主要表现手法是力求热情而不感情用事，广告所制造的欲望对消费者来说是重要的，要查出实际上启发他们购买某种东西或者对哪一类事情发生兴趣的动机与底蕴。一个真正有趣味的广告关键在于注意研究商品本身的独特性，而广告人的责任就是去尽力发掘这一客观存在的元素，采用适当的手段去表现，以引起人们的注意。

2. 威廉·伯恩巴克——ROI广告理论

ROI广告理论由威廉·伯恩巴克提出。他认为广告是说服的艺术，广告"怎么说"比"说什么"更重要，优秀的广告必须具备三个基本要素，即相关性原则（Relevance）、原创性原则（Originality）、震撼性原则（Impact），简称ROI广告理论。

相关性原则：强调广告与商品、消费者的相关性。要求广告与受众的相关性，广告符号与受众知识经验领域的相关性，广告内容与消费者需要的相关性。"你一定要把广告关联到消费者的需要上面，并不是说有想象力的作品就是聪明的作品了"。

原创性原则：强调创意特征就是求"异"，与众不同；要求创意概念单纯，用少量的视觉元素，传达最大的信息量。

震撼性原则：追求广告在瞬间引起注意，并在心灵深处产生震动；不仅是来自视觉的震撼，还是来自广告信息触动心理的震撼，都应持续为广告活动产生震撼保持活力。如图4-4，伯恩巴克为甲壳虫汽车打造的经典广告："想想小的好"，文字和画面都很简单，但极具想象力。

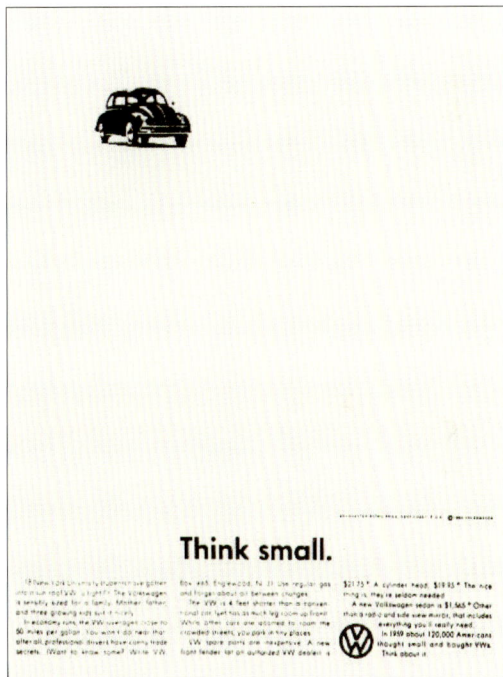

图4-4　甲壳虫汽车广告／伯恩巴克

3. 定位理论

美国著名营销专家艾·里斯与杰克·特劳特提出定位理论认为：定位要从一个产品开始，定位不是你对产品要做的事，而是对预期客户要做的事。"定位是你对未来的潜在顾客的心智所下的功夫，把产品定位在未来潜在顾客的心中"。换句话说，你要在预期顾客的头脑里给产品定位，确保产品在预期顾客头脑里占据一个有价值的区隔。如江中健胃消食片定位为"日常助消化用药"。伴着小品演员郭冬临那一句"肚子胀、不消化，用江中牌健胃消食片"以及"家中常备药"的补充词，让江中健胃消食片开创了一片蓝海（图4-5）；如王老吉定位成"预防上火的饮料"，开创了凉茶饮料这一品类，让王老吉区别于红牛等功能饮料、椰树等植物蛋白饮料等（图4-6）。

而在今天，定位理论已是营销学者和广告从业人员在广告战略时的专业词语，定位理论强调的"第一法则"，要求企业必须在顾客心智中区隔于竞争对手，成为某领域的第一。

4. 旧元素，新组合

"旧元素，新组合"是广告大师詹姆斯·韦伯·扬对广告创意所做的经典概括，"旧元素"是指各类知识（认知、经验及技巧），主要包括有关产品和目标消费者的特殊知识，以及人们日常生活中的一般常识；"新组合"是指利用这些知识，找出一个适合与消费者沟通的点子。

"旧元素，新组合"就是在广告创意中将人们熟悉的材料以熟悉的方式进行新的组合，使受众对广告产生认同与共鸣，达到好的传播效果。

"旧元素，新组合"的创意过程是一连串的重组，改变旧有的事物的排序和逻辑，从一个崭新的角度，跳脱理智、逻辑、直线的思考重新组合。如图4-7，别让食物变毒物公益广告：通过西红柿、黄瓜、西瓜的籽被胶囊替代，在同中求异，在异中求同。

除了以上列举出的广告大师创意理论还有共鸣论、品牌个性理论等，需要我们仔细揣摩体会。学习这些广告大师的创意理论，是培养广告策划能力，增强广告创意创新思维的有效途径，对提升我们广告创意的综合素质有重要作用。

图4-5 江中健胃消食片定位/日常消化用药

三、广告创意思维

广告创意的名词概念是具有创新的意思、思维、点子，动词概念是创造性的思维活动过程。严格地说，广告创意是表现广告主题的、能有效与受众沟通的艺术构思。从广义上说，

图4-6 王老吉定位/预防上火的饮料

图4-7　别让食物变毒物公益广告

广告创意是对广告战略、策略和广告运作环节的创造性构想；从狭义上说，广告创意就是一个意念、一种技巧、一个新的设计组合手段。

广告创意不是简单的灵感乍现、机遇的偶然，而是一定思维积累的必然结果。广告的创造性思维具有多种思维形式，包括逻辑思维和形象思维中的想象、联想、分析、判断、归纳等复杂的思维活动。在广告创意之前，首先要有资料和经验的充分储备。在创意过程中，思路不为旧习惯所束缚，发现创意的各种联系，提出各种方案的设想，全方位地寻求新意，是一种协同性的综合思维。

（一）直觉思维

直觉思维是最为常用的一种，相对来说也更易于掌握。在广告创意的过程中，以宣传商品本身的实际情况为依据来思考，这种思维方式比较简单直白，常以感性经验和已有知识为基础，是不受某种固定的逻辑规则约束而直接领悟事物本质的一种思维方式。

直觉思维常常借助联想，或利用猜想、幻想达成视觉上新的组合，突显广告主题名称或商品（服务）特性来增强消费者记忆，加强广告形象的塑造。如睫毛膏产品广告，通过眼镜脚的加长表现使用产品后能让睫毛变长的直接思维，给人极强的印象（图4-8）。

有一些产品本身并没有什么特别之处，可以从其悠久的历史，或特别的产地，或有某位名人喜欢用的角度直接思考，也可以成为广告宣传的创意来源，能在广告创意中碰撞出不一样的火花。

（二）形象思维

形象思维是将记忆中的事物进行创新性的想象，把片断的、分散的生活现象凝聚、集合、熔铸成为生动的艺术形象。通过其艺术风格和意境的表达，引起人们的联想、想象，激起和满足消费者的高层次的精神需要（图4-9）。

形象思维创建新的形象与情境，需要有极

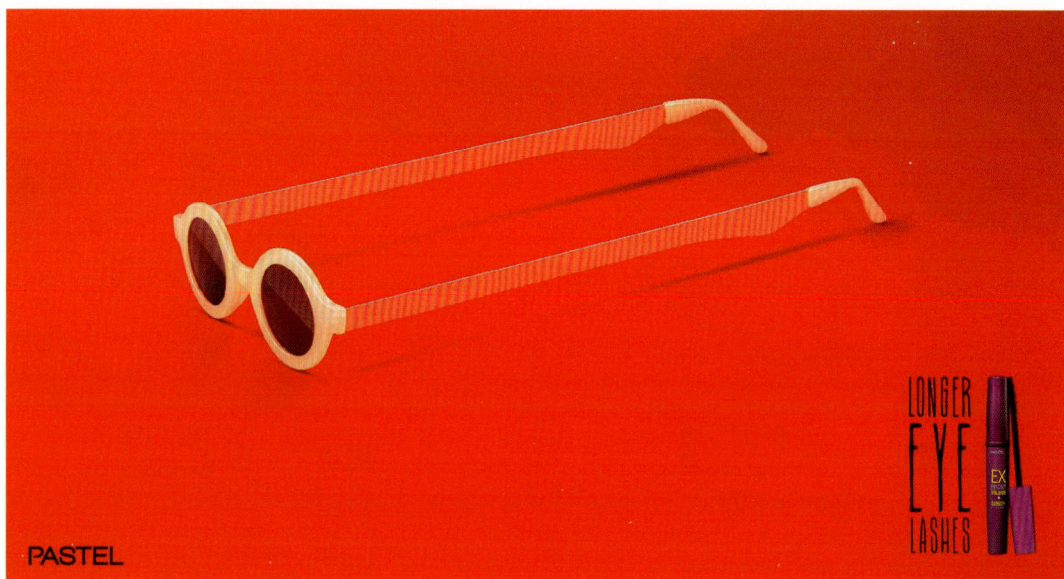

图4-8　Pastel睫毛膏产品广告 / 美艺工社素材

图4-9 耳机产品广告 / 华为

大的概括性。其方式是把两种现实中存在的事物组合在一起，形成一个新的形象，是情与理的统一。有时可以利用想象进行适当夸张，创作出新奇有趣的视觉形象，生动鲜明地体现出某种品牌或产品的特征和品格。

（三）逻辑思维

逻辑思维是人们在认识过程中借助于概念、判断、推理，在多种条件相近的情况下，相互比较分析，寻找区别，发现问题，反映现实，再追寻解决方法的思维过程。是一种思路清晰的思维方式，沿着有序的可测的方式，进行程式化的思考。随着思考的线索由低到高、由浅到深、自始至终、脉络明确，像侦探小说一样沿着一条思路延伸，直至寻找到解决问题的答案，是比较深入的思考方式。如教师节公益广告，通过教师两字笔画拆分出文字的寓意进行内涵解读，巧妙地传达了教师引导学生树立人生价值观的作用（图4-10）。

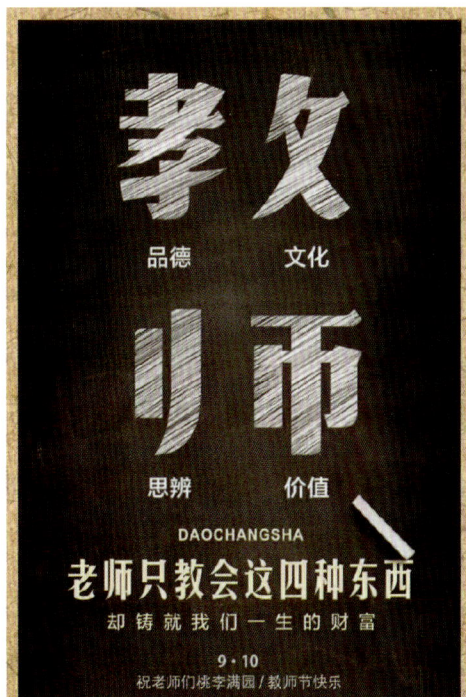

图4-10 教师节公益广告

（四）发散思维

发散思维比直觉思维和形象思维更加灵活，是从一个点向四面八方呈现出放射状的思维方式。更加强调思维的多个方向，从更多的角度来看问题，思考途径从单一思考到多维思考，更加丰富。这种思维方式非常适合广告创意用生动的形象来演绎某种抽象的概念，并用一种新颖的角度或方式诠释。

发散思维方式更容易调动感知，展开全方位的联想。但是在思维发散扩展的同时，也要注意主题的方向、诉求的提炼，既放得开，也要收得回。如图4-11美团外卖服务广告，用一种新颖的角度诉求产品"快、优、多"的消费利益。

（五）图形思维

图形思维是一种由此及彼的联动性思维，即由一种事物外形想到另一种外形相似事物，由一种概念内涵想到另一种概念内涵，由一种形象想到另一种相似形象的心理过程。图形思维是主要依赖主题图形造成的心理"成像"或者"空间几何成型"来规划、推导的设计思维，控制设计效果（图4-12）。

图形思维的联动开发要使想象的过程有外形与内涵逻辑的相似性和必然联系，即此事物与彼事物之间在外形、结构、内涵、外延之间有相似的关联，生发出独特的创意魅力。

广告创意的水平高低，直接影响广告的宣传效果。在广告创意的过程中，思维方式是决定广告能否迅速而有效地创作出优秀作品的关键所在。设计师要着重锻炼自己的创意思维，以便做出更优秀、更有感染力的广告作品。

图4-11　美团外卖服务广告／美团

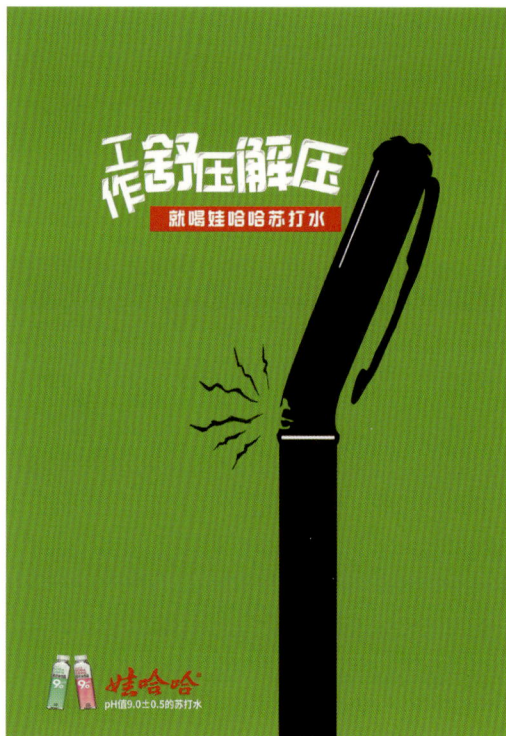

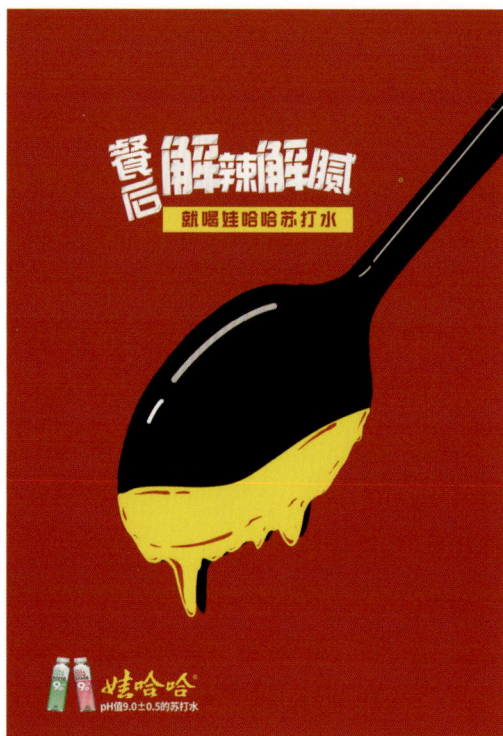

图4-12 第十一届全国大学生广告设计大赛省赛获奖作品 / 娃哈哈苏打水广告 / 邱建轩、徐天缘 / 指导：曹大勇

四、广告创意的要求

（一）要以广告主题为核心

广告主题是广告定位的重要构成部分，即"广告什么"。广告主题是广告策划活动的中心，每一阶段的广告工作都紧密围绕广告主题而展开，不能随意偏离或转移广告主题。如联合国关爱流浪儿童基金公益广告，以现代摄影手法来表现流浪儿童被人们忽略的情况，创意新颖，有效地呼应了主题的内涵表达（图4-13）。

（二）要以目标对象为基准

广告目标对象是指广告诉求对象，是广告活动所有的目标公众，这是广告定位中"向谁广告"的问题。广告创意除了以广告主题为核心之外，还必须以广告对象为基准。"射箭瞄靶子""弹琴看听众""在什么山上唱什么

图4-13 联合国儿童基金会公益广告 / 奥美（上海）

歌",广告创意要针对广告对象,要以广告对象进行广告主题表现和策略准备,否则就难以收到良好的广告效果。

(三)要以新颖独特为生命

广告创意的新颖独特要以一个广告诉求的关键词语或关键概念为中心,发想出一系列的相关想法与点子,不能人云亦云,给人雷同与平庸之感。唯有在创意上新颖独特,才会在众多的广告创意中一枝独秀、鹤立鸡群,从而产生感召力和影响力。如图4-14滴滴六周年广告《致过去的自己》,文案新颖感人,表达出人生的成长不仅仅是小孩的问题,也是每个大人,甚至是每个集体都需要时时面对的永恒话题。文案也表达出了愿我们不忘创业初心,人人努力前行的品牌责任。

图4-14　滴滴六周年系列广告/《致过去的自己》/滴滴出行

（四）要以形象化为表现

广告创意的形象化表现要基于事实，集中凝练出主题思想与广告语，并且从表象、意念和联想中获取创造的素材，最终以感觉、文案、视听形象来传达，通过代表不同词义的形象组合使设计创新的含义得以连接，从而构成完整的广告视听效果。在广告创意形象表现中形成丰富主题的审美内涵，增强广告视觉的艺术感染力。如"X"动力系列广告，把字母"X"作为广告主题的象征符号重新构建完整的视觉形象元素，巧妙地以"形"达"意"，准确地表达了主题的含义（图4-15）。

（五）要以趣味生动为手段

广告创意要想将消费者带入一个印象深刻、浮想联翩、妙趣横生、难以忘怀的境界中，就要立足现实、体现现实，以引发消费者共鸣。但是广告创意的艺术处理必须严格限制

图4-15　"X"动力系列广告

在不损害真实的范围之内。如富士相机广告，通过相机背带的旋转形态，生动有趣地表达出相机任意360°全景拍摄的功能（图4-16）。

图4-16 相机广告 / 富士

五、广告创意的原则

凡是能想出新点子、创造出新组合、发现新路子的广告思维都属于创造性思维。优秀的广告创意能立即冲击消费者的感官，并引起强烈的情绪性反应，是降低购买阻力、促进消费行为的有效因素。在广告创意过程中需要把握以下原则。

（一）简单性原则

"简单就是说服力"，简单的本质是精练化。一些揭示自然界普遍规律的表达方式都是异乎寻常的简单。国际上流行的广告创意风格越来越趋向简单、明快。一个好的广告创意表现方法就是需要清晰、简练和结构得当。

简单、明了决不等于无须构思的粗制滥造，构思精巧也绝不意味着高深莫测。广告创意的简单，除了从思想上提炼，还可以从形式上提纯。如德国邮政快递广告，把冰激凌打包快运，简单、直接，"平中见奇，意料之外，情理之中"，这往往是广告人在创意时追求的目标（图4-17）。

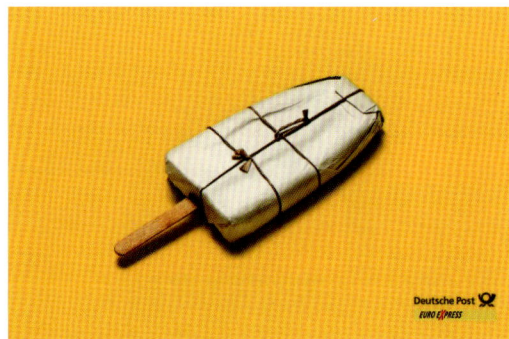

图4-17 德国邮政快递广告

（二）冲击性原则

广告要想迅速吸引人们的视线，在创意时就必须把提升视觉张力放在首位。广告的视觉张力是视觉形式引发艺术情感的原动力，人们在欣赏作品时，视觉张力能让人产生内心震撼和共鸣。因此，以引起视觉注意为出发点，让受众具有更多兴趣来感知广告信息，来认识广告图形和色彩传递的艺术情感是十分重要的。如vivo手机急速解锁系列广告，以奇特的视觉想象，通过旗鱼、飞鸟、猎豹三种动物象征指纹解锁的迅速及时（图4-18）。

（三）独创性原则

缺乏创造性的广告是没有生命力的。广告创意的活力和魅力在于创新，强调的是以新颖的主题、新颖的形式、新颖的手法创造广告作品和宣传活动别具一格的风采。任何一种广告创意，都是"一次性消费"，必须重在一个"创"字。创新性原则是对思维某些特征的强

化，独特的广告创意，关键是运用创新思维，从其他艺术形式和相关学科中寻找新的意象，把相关的知识信息重新组合，进行多角度的分析、验证，把常规的事物综合成"新颖独特、有文化味、具有吸引力"的想法，力求从不同的侧面、从相异个体塑造新的形象，反映事物的普遍性，用自己的设计语言把它"译解"出来。如图4-19优衣库《最懂你的酷》广告和图4-20《人与自然》公益广告，体现了"创新不是创意的全部，但却是创意的本质特性"。

（四）情感性原则

感人心者，莫过于情。出色的广告创意往往把"以情动人"作为追求的目标。吸引人们眼球的是形式，打动人心的是内容。独特醒目的广告信息必须蕴含耐人思索的内容，有"以情动人"的视觉表现，才能拥有吸引人"一看

图4-18 第八届全国大学生广告设计大赛省赛获奖作品 / vivo手机急速解锁系列广告 / 指导：彭嘉骐

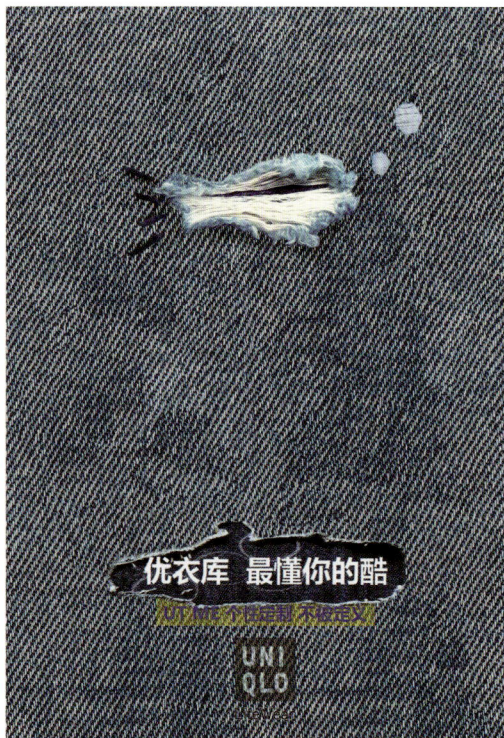

图4-19　第十三届全国大学生广告设计大赛省赛获奖作品 / 优衣库广告 /《最懂你的酷》/ 曾雨洁、曹子媚 / 指导：赵敏

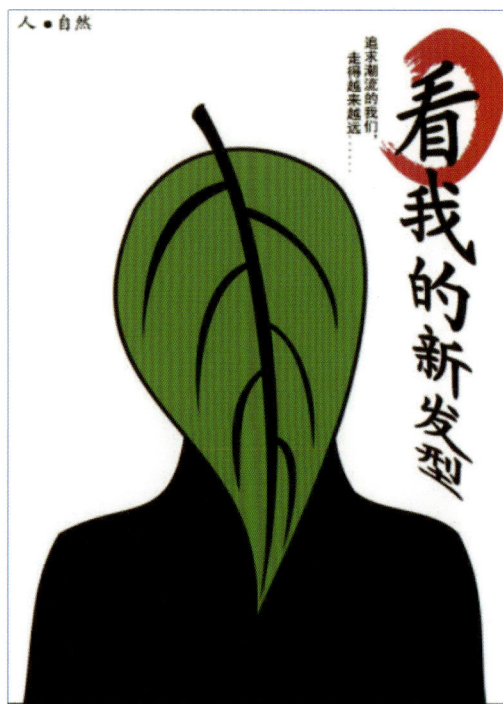

图4-20　公益广告 /《人与自然》/ 陈礼明、廖绮宇 / 指导：曹大勇

再看"的魅力。这就要求广告创意不能停留在表层，而要使"本质"通过"表象"显现出来，有效地挖掘读者内心深处的渴望。如娃哈哈高含量果汁饮料系列广告，以"爱上果汁"为主题，将浅表的产品属性的卖点与人的精神上的同一概念的体验相连接，直击人的深层次认知地带的情感体验，使推广的品牌在那些只会硬性叫卖的同类产品中显得"鹤立鸡群"，达到出人意料的沟通效果（图4-21）。

总之，一个带有情感诉求的、新奇的、视觉冲击性强而又简单的广告创意，能突破读者视觉上的"恒常性"，寓情于景，情景交融，取得超乎寻常的传播效果。

在广告创意进程中，决定创意好坏的先决条件是创作者的观念。对人性需求的表达和升华才是创意设计要解决的核心问题的人本观念，用预设的情景（图形、文案和故事）及看

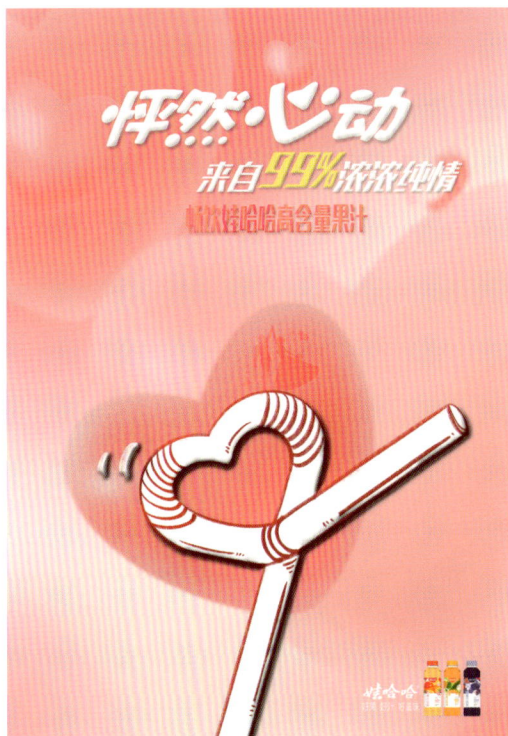

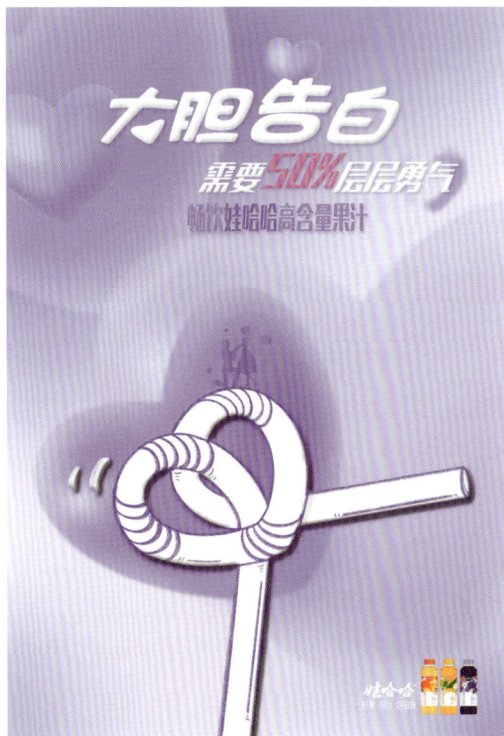

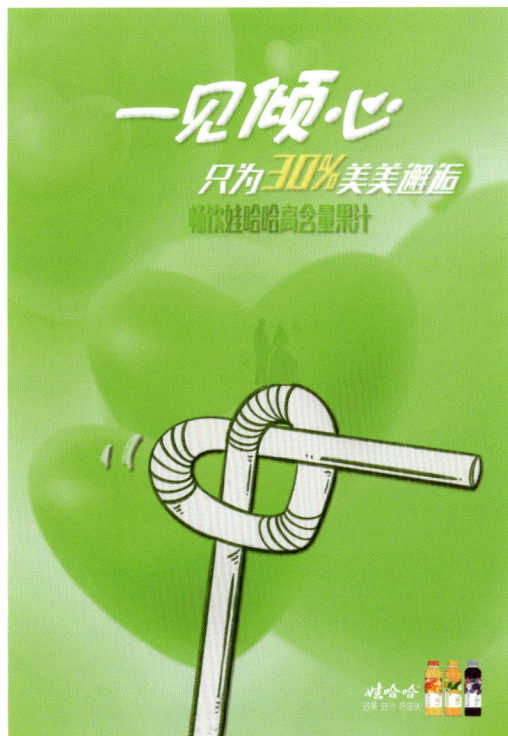

图4-21　娃哈哈高含量果汁饮料系列广告／《爱上果汁》／许昕仪 宋欣雅／指导：曹大勇

得懂、有指向性的暗示来影响目标消费者的感情和行为，使之听从劝说，达成用户对品牌的价值、产品功能的体验黏性。

六、广告的图形创意

广告创意包括文案创作、图形创意和色彩运用，从视觉创意的角度来看，文案创作强调"语义"的表达，色彩运用注重"意境"的营造，而图形设计则注重"由意生象"的"吸引"的表现。图形通过形象化、视觉化的表现来引发观者获得直观的意象联系，得到"意"的内涵感悟。

广告的图形设计不仅仅是以"象"表"意"的创作过程，还是对广告主题概念的升华和提炼，用最少的图形表现最精彩的内容。相对文字而言，图形具有动态画面的构成要素，要求设计师依据主题的要求，设计出具有大众性、真实性、使人容易理解，能准确定位的图形。广告的图形设计要尽量简洁明了地说明问题，恰当地表现出企业和产品的性质特征、经营理念、精神气质。

（一）广告图形的分类

一般来说，广告中的图形主要可分为抽象、具象、意象等三种类型。

1. 抽象图形

抽象图形是现代视觉传达设计中最常用的一种形式，不具体地反映客观事物，多用点线面的变化来概括事物的特征。抽象图形有一种特殊的装饰效果，注重意义的联想及形式感的创造。抽象图形在广告设计中通常有两种形式：有机图形与无机图形。有机图形较自由化，活泼而富有弹性，其构成大多采用自由曲线组合及不规则的偶然形。无机图形较理性化，简洁而有秩序。如杜蕾斯系列广告，运用

线形规律形的结构排列来传达信息，广告图形简洁而有秩序（图4-22）。

2. 具象图形

广告的具象图形是相对抽象图形而言的，它有一种天然的亲近感，能从心理上取得人们的信任，激发人们的兴趣和欲望，因此具有较好的真实感和较强的视觉吸引力，在广告设计中占据着视觉表现的主导地位。如特仑苏有机纯牛奶的"更懂自然之环境"系列广告，具象图形的设计不仅仅是展现产品的美好，还需要配合主题，巧传信息（图4-23）。

3. 意象图形

意象图形是指从人的主观理想的角度，用具象的形式表现实际上并不存在的形象。它是具象的抽象，是抽象的具象，往往会给人以独特的形象感受。例如我国传统的龙凤造型，国外的美人鱼、人面狮身像等（图4-24）。意象图形在广告设计中为设计师更富个性的创作

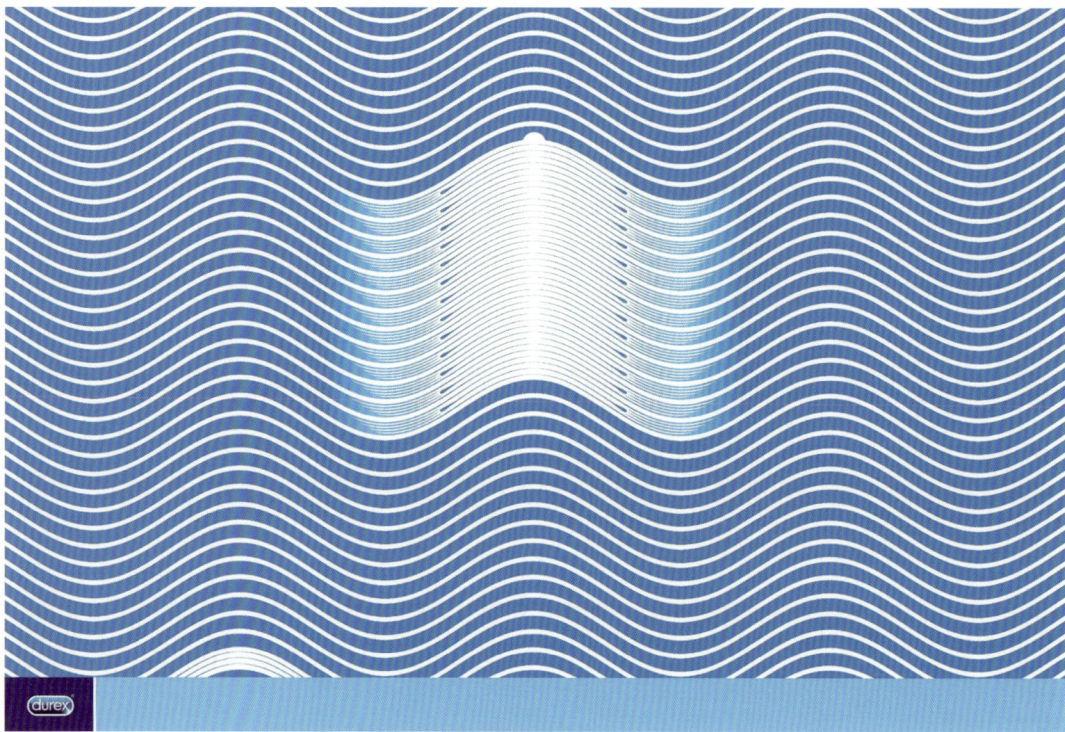

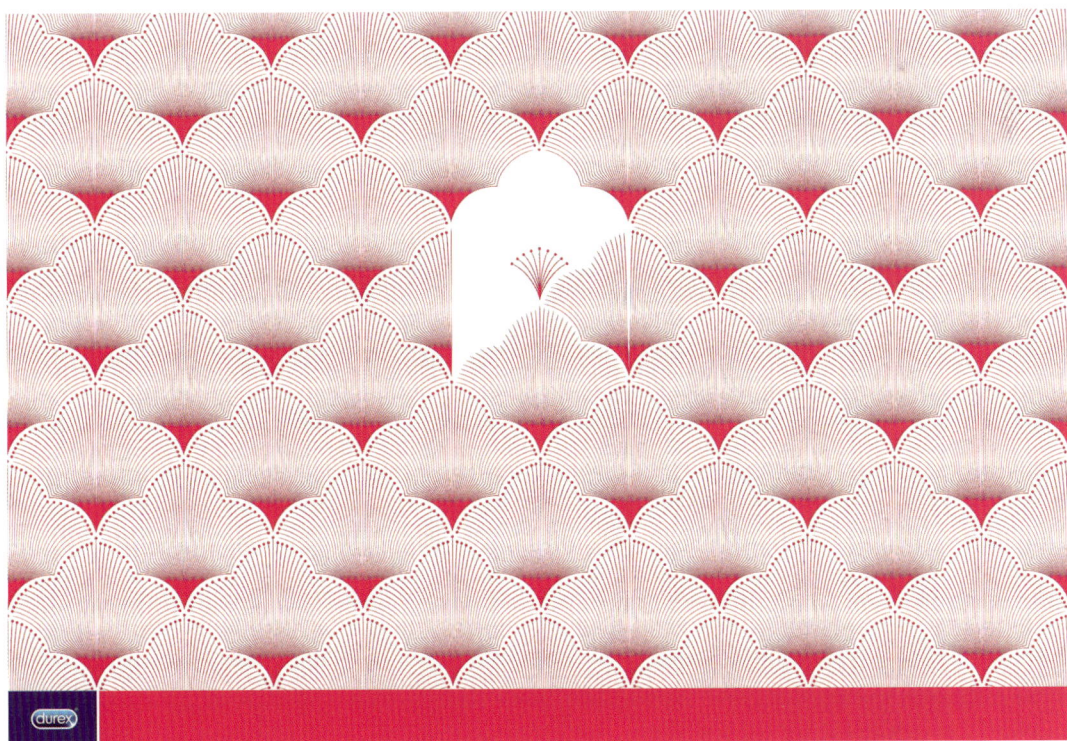

图4-22　第十一届全国大学生广告设计大赛省赛获奖作品 / 杜蕾斯系列广告 / 李含钰 黄涛 / 指导：彭嘉骐

图4-23 特仑苏有机纯牛奶系列广告

图4-24　意象图形

提供了可能。如图4-25刀具广告的诉求概念是"锋利的刀"：图形设计是把切得很薄，薄到透明的薄片交叠成刀的形状，文案排版则形成了刀把，表现出意象中刀的锐利美。

（二）广告图形的设计手法

在广告设计中，图形的创意表现是设计师的主要任务。设计师必须能够完全将广告的主题思想融会于图形设计中，使主题与图形表现浑然一体，并且赋予图形强烈的个性特征。在当今"读图"时代，广告的图形设计既包括平面的形象，也包括立体的形态，其素材非常宽泛。设计形体简洁、寓意清晰、易于辨识的图形，才不会在信息海洋里被淹没。广告的图形设计主要有以下几种手法。

1.比喻手法

当广告要传达的信息是抽象的、难以直观表达的，就可以运用比喻手法使抽象的概念转换为人们可感知的熟悉的物象，让一个平常的物象因注入了另一个物象的属性而易于理解。比喻手法通过对创意元素的分析、理解和联想，有目的地将两种不同属性的物象结合，使其中的一个物象借助另一个物象的个性特点得以生动表现。其强调的是创意思想的深刻内涵，给广告主题以无限的想象空间。如碟子系列公益广告，广告图形设计通过碟子与大米、红豆、玉米进行形态和概念的组合来倡导节约粮食，很容易得到观众的认可（图4-26）。

2.夸张手法

广告图形设计将具有典型特征的信息诉求进行艺术性的变形夸张，强调或揭示广告商品的实质与功效，以一种反常规、反比例的关系来表达预期的广告语义。夸张手法是在客观

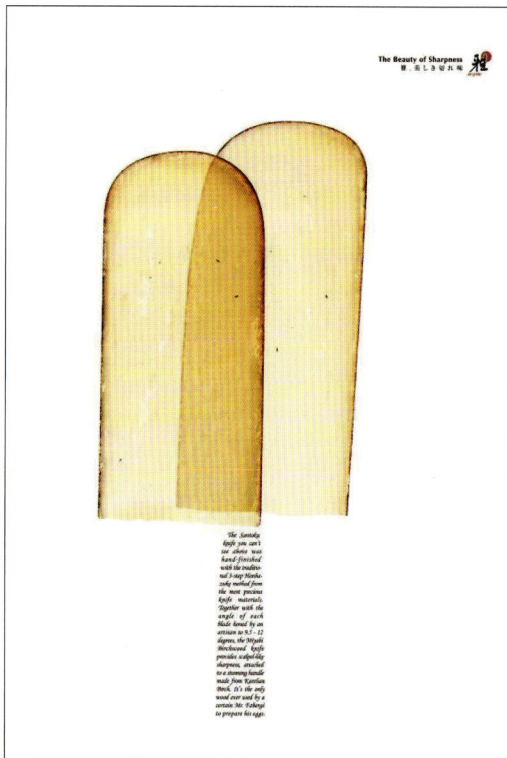

图4-25　2015年纽约广告节获奖作品 / 双立人刀具 / Herezie Paris广告公司

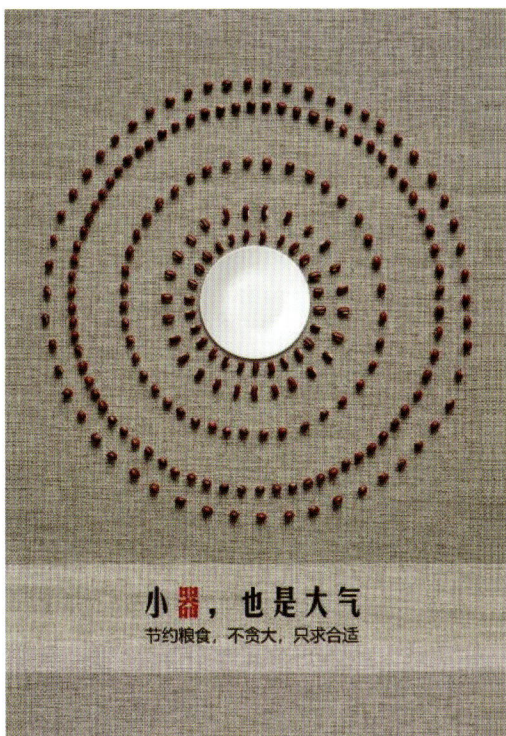

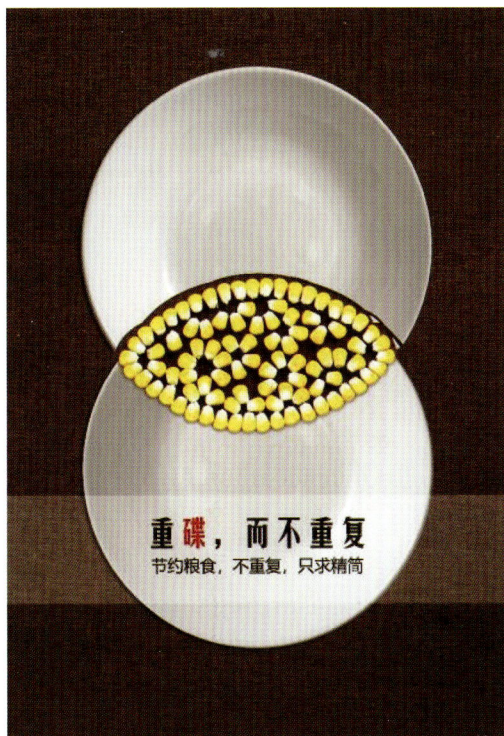

现实的基础上进行适度的想象，打破物与物之间既定的样式或关系，往往带给人们超乎寻常的视觉震撼和心理感受，使受众留下深刻的印象。如露友健步鞋"让梦想加速"系列广告：以中国文化传说人物的独特法器与产品结合，超现实的视觉夸张，给观众以奇特的视觉想象，有效表达了产品"我想·我能"的内在驱动力（图4-27）。

3. 对比手法

对比是广告图形设计常用的一种方法，通过对比展示事物彼此间的差异性，使主题在反衬中得到更强烈的表现。对比部分可以是抽象的，也可以是具象的，可以是形体之间的对比，也可以是设计元素之间的对比。常用的对比手法有艺术性的比较和实质性的比较。如

图4-26 碟子系列公益广告 / 杨淼盛、罗悦、吴欣宇 / 指导：彭嘉骐

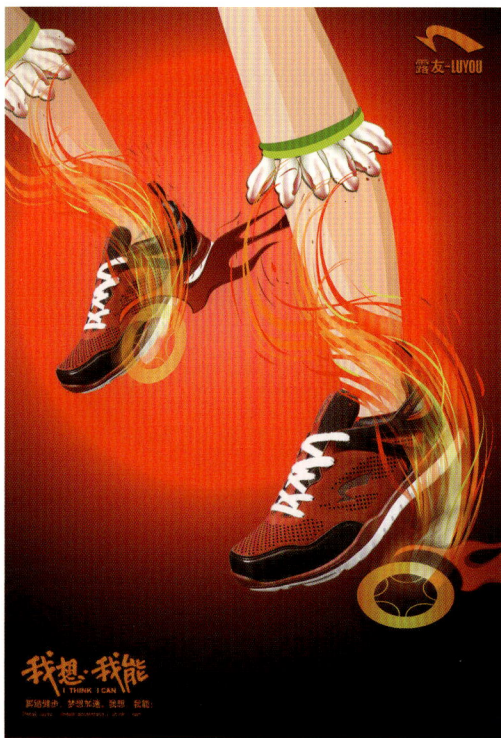

图4-27 第四届全国大学生广告设计大赛省赛获奖作品 /
露友健步鞋 / 胡姗姗 / 指导：彭嘉骐

2022年中国大学生广告艺术设计大赛"HBN"系列广告：广告采取线条的曲直、长短的形式对比来突出广告诉求信息，能引导受众主动思索并理解设计者的意图（图4-28）。再如2017年中国大学生广告艺术设计大赛vivo手机系列广告：广告采取符号图形的形式对比来突出广告诉求信息，能引导受众主动思索并理解设计者的意图（图4-29）。

4. 象征手法

象征手法是根据事物之间的某种联系，借助某人某物的具体形象（象征体），以表现某种抽象的概念、思想和情感。如"canva可画"系列广告：将传统纹样经过意象的组合，分别象征着高山、大海、森林，贴切地表达主题（产品）诉求概念，从而给读者留下咀嚼回味的余地（图4-30）。

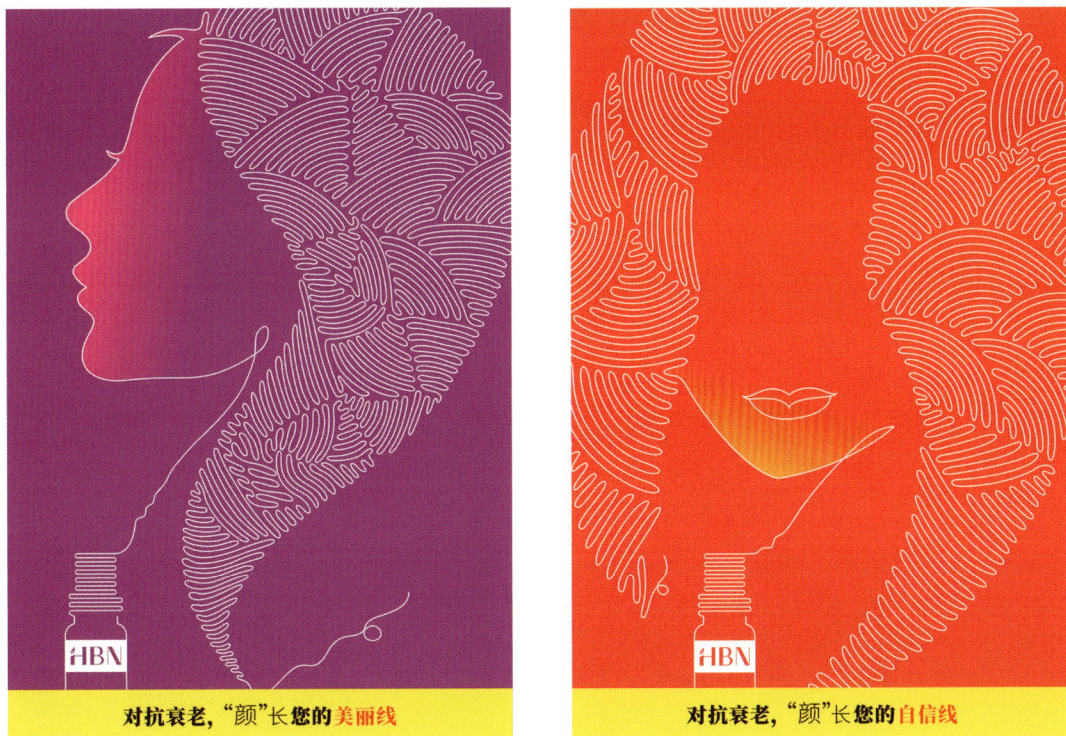

图4-28　第十三届大学生广告大赛获奖作品《HBN–颜长之美》/ 彭海芳、董睿昭 / 指导老师：彭嘉骐

图4-29　第五届全国大学生广告设计大赛获奖作品 / vivo手机系列广告 / 指导：彭嘉骐

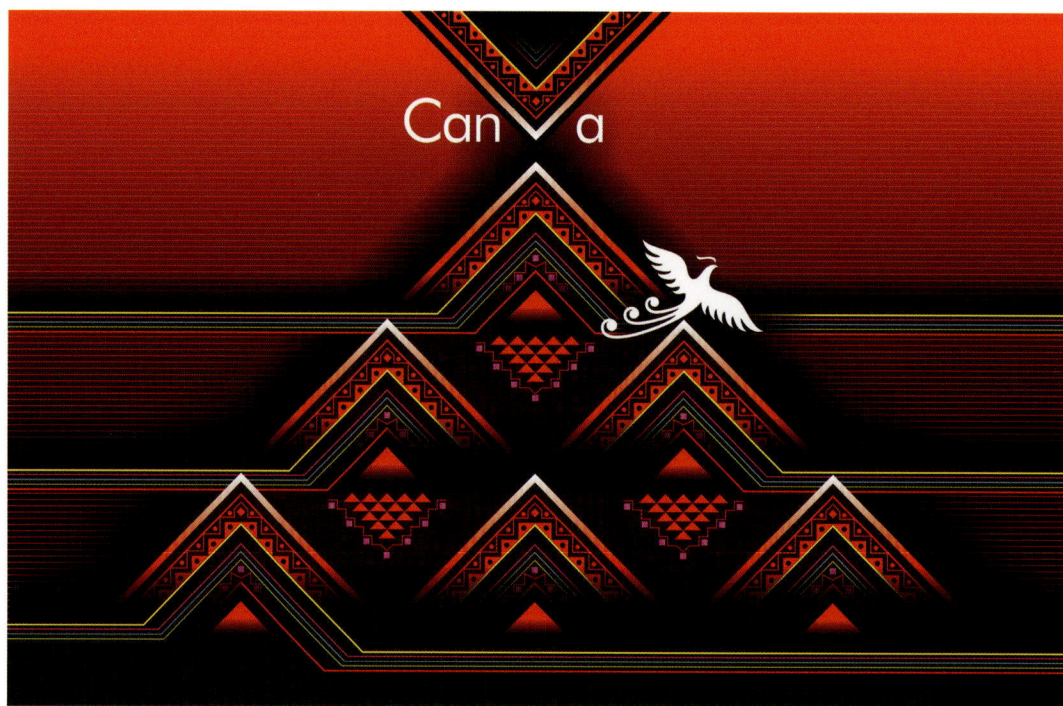

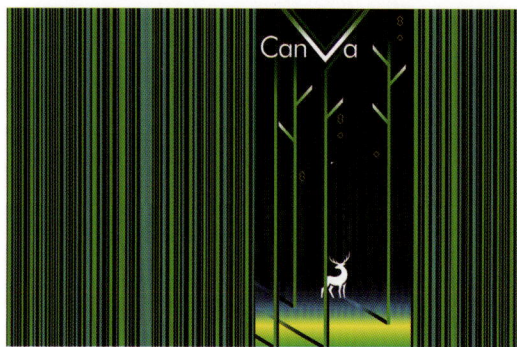

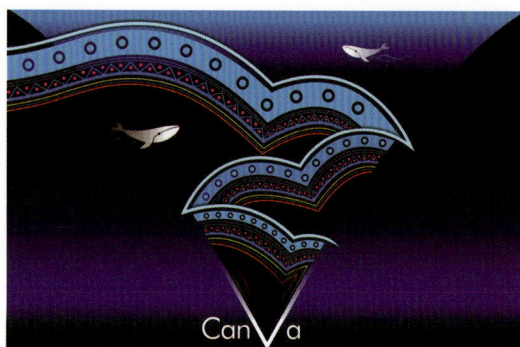

图4-30　第十三届大学生广告大赛获奖作品《canva可画》/ 彭海芳、雷嫦姣 / 指导老师：彭嘉骐

七、广告的文案撰写

广告文案是广告传达信息的重要手段，扮演着广告"代言人"的重要角色，是广告内容的文字化表现，能引导消费形成消费期望与消费行动。在广告中，"以人为本"是广告文案的生命力所在。虽然广告文案是为商业目的服务的，以说服和劝诱消费者产生对应性消费为己任，但绝不能放弃原则底线去发布虚假广告，牺牲广告信息的人文性。广告文案是以语词进行广告信息内容表现的形式，主要包括广告标题、广告正文、广告口号和广告附文。

（一）广告标题

广告标题是广告文案的主题，也是广告内容的诉求重点。它的作用在于吸引人们对广告的注目，给人留下印象，引起人们对广告的兴趣。只有当消费者对标题产生兴趣时，才会阅读正文。

广告标题的设计形式有：情报式、问答式、祈使式、新闻式、口号式、暗示式、提醒式等。广告标题要简明扼要，易懂易记，传递清楚，新颖个性。文字数量根据广告主题信息诉求需要可长可短，一般以不超过20个字为宜。如定江洋地产广告通过文案的直接巧妙描述，将"毛坯房"的劣势，生生造成了优势，一招反其道而行之，精准打击了周边那些精装交付的竞品；江边第一排明明是优势，却被说成了"劣势"——蚊子多，但"瞰江第一排"的优势被更直观地表达了出来（图4-31）。

（二）广告正文

广告正文是以客观的事实、具体的说明，来增加消费者对产品或服务的了解与认识，以

图4-31　定江洋地产广告 / 揽胜广告公司

理服人。广告正文内容要实事求是，通俗易懂，不论采用何种题材式样，都要抓住主要的信息来叙述，言简意明。如QQ阅读APP广告

（长城奖铜奖），正文直接告诉年轻人：QQ阅读是享受阅读带来的乐趣的"海量原著，想读就读"的移动阅读APP（图4-32）。

图4-32 中国广告长城奖获奖作品/QQ阅读APP

（三）广告口号

广告口号是战略性的语言，是通过反复和相同的诉求提醒消费者明白商品或服务的核心价值，是推广商品或服务不可或缺的文案要素。广告口号要注意简洁明了、语言明确、独创有趣、便于记忆、易读上口，能在消费者心中留下深刻的记忆。只有这样才能在传播过程中画龙点睛、强化价值。例如，步步高点读机"哪里不会点哪里"；丸美眼精华的"弹弹弹，弹走鱼尾纹"，利用了消费者的心理预设，通过文案强化"弹"的特性和产品的联系，让消费者的视觉和听觉都被灌输了"弹弹弹"的信息（图4-33）；益达"吃完喝完嚼益达"，"嚼"字也带有明显的动作指向，刺激了消费者产生购买行为，"吃完喝完"点明使用场景，这样，消费者很容易在吃完喝完之后，想起要嚼点什么，然后就想起益达（图4-34）。

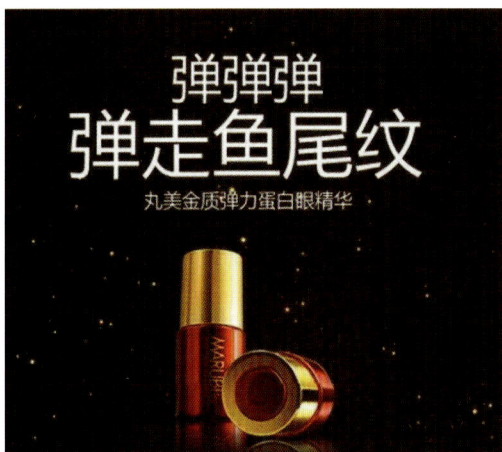

图4-33 丸美眼精华广告

图4-34 益达广告

（四）广告附文

广告附文是在广告正文之后对广告内容必要的交代或进一步的补充说明文字，主要包括公司标志、商标、商品名、公司地址、电话、价格、银行账号等文字信息，以及权威机构证明标志等。广告附文能对广告正文起补充和辅助的作用，促进销售行为的实施，可产生固定性记忆和认知铺垫。

总之，广告文案要善于利用语言的信息性、言外之意为产品传递有利的信息，注重语言的理据性，运用常规的思维逻辑来外化和体现广告诉求概念，进行理性诉求；同时，还需把握文案诉求的情感性与消费者的感知与体验，培养自己对语言的感觉与感受，找到与产品"对味"的感知与体验，并与消费者的体验与感受联系在一起，避免对产品不利的或者伤害消费者情感的潜在信息出现。

八、拓展资源

案例赏析：京东《问你回收一本"买而不看"的书》

广告主：京东图书

广告代理：上海群玉山品牌营销咨询有限公司

案例网址：https://www.digitaling.com/projects/204707.html

一本书，从被书写，到被阅读，可能隔着几千年的时间，几千公里的路程。然而，当一本书从作者笔下辗转到你的手里时，你居然直接放到了书架上，甚至都没有拆封，就任由其落灰，抛之脑后再也想不起来。京东图书看到这番情形，决定请出作家余华和余秀华，来跟你好好聊一聊。

为什么一家卖书的平台，要开始买书？我们可以从"三个连接"来看看整件事情的来龙去脉。

1. 连接不负与热爱，为品牌立角色

近几年来，京东围绕着"不负每一份热爱"输出了大量广告作品，但品牌情感价值诠释更多侧重于表现"热爱"，缺乏对"不负"的呈现。而"不负"才是品牌的角色所在。京东品牌角色的缺失，使消费者并未与品牌形成情感需求上的强连接。因此，京东希望在4·23世界读书日这个节点，通过京东图书连接起"不负"与"热爱"，制造和消费者之间的信赖关系，持续强化京东在广大用户群体中值得信赖的品质。

我们发现，每到4·23世界读书日，商家疯狂打折卖书、大众跟风买书已成为常态，买而不看的占大多数。面对越来越商业化的"读书日"，京东图书身为全网较大的图书售卖平台，在售卖图书之外，更有责任向大众传递"理性买书"的购书观、"买书要读"的读书观。

京东图书也不应该只是一个卖书商的角色，更应该做一个培养大众读书意识的知识敬畏者。而呼吁大家把不读的书退回来，就是为了让知识不再蒙尘，也让读者找到更愿意读的书。"京东图书问你买书"，由此而来。

> 能让书籍消亡的
> 不是火烧，也不是水淹
> 而是不阅读
> 只有你翻开它，把它捧在手里
> 书，才能活得更久一点

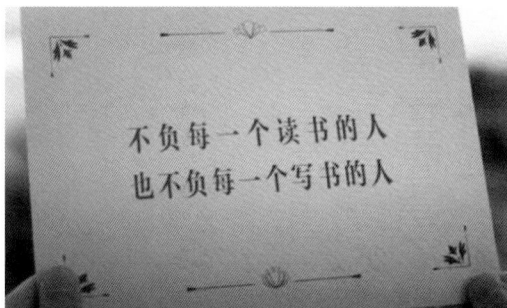

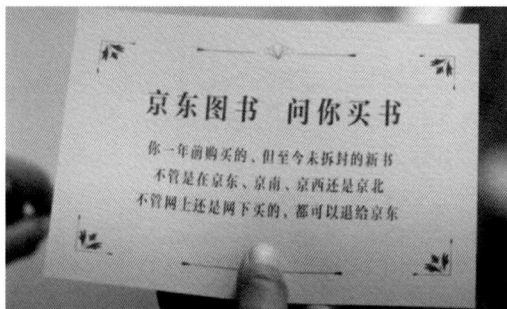

2. 连接线上与线下，为品牌立行

"京东图书问你买书"不只是面向京东图书的用户，而且是面向所有平台的读书人。京东图书全渠道回购读者去年购买但至今未拆封的新书，无论是在线上还是线下，无论是在京东还是在其他平台买的书，一律可以退给京东。

3. 连接读者与作者，为品牌立言

京东图书促成了史无前例的文坛界CP——余华和余秀华，来作为此次行动的倡导者。光是把这两个名字相似，但性格又截然不同的作家放在一起，"化学效果"就直接拉满。

男作家余华，上门敲门问你买书。虽然身为作者，却能站在读书人的角度，充满同理心地分析出读者买而不看的原因。其中"我靠《活着》活着"名场面再现，梗点满满地再次贡献金句："《活着》不是活着的必读书"，以此劝说读者退书不必有负罪感。

女诗人余秀华，则希望读者可以与作者坦诚相待。"宁愿读完痛痛快快骂，也别不读就

虚情假意地爱。"这大概是全体文字工作者的心声了。余华、余秀华二人相互承接，相映成趣，为品牌立言。

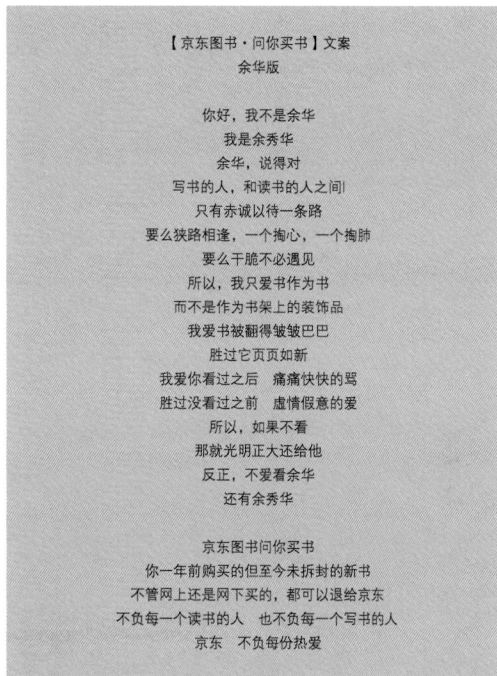

【京东图书·问你买书】文案
余华版

你好，我不是余华
我是余秀华
余华，说得对
写书的人，和读书的人之间
只有赤诚以待一条路
要么狭路相逢，一个掏心，一个掏肺
要么干脆不必遇见
所以，我只爱书作为书
而不是作为书架上的装饰品
我爱它被翻得皱皱巴巴
胜过它页页如新
我爱你看过之后 痛痛快快的骂
胜过没看过之前 虚情假意的爱
所以，如果不看
那就光明正大还给他
反正，不爱看余华
还有余秀华

京东图书问你买书
你一年前购买的但至今未拆封的新书
不管网上还是网下买的，都可以退给京东
不负每一个读书的人 也不负每一个写书的人
京东 不负每份热爱

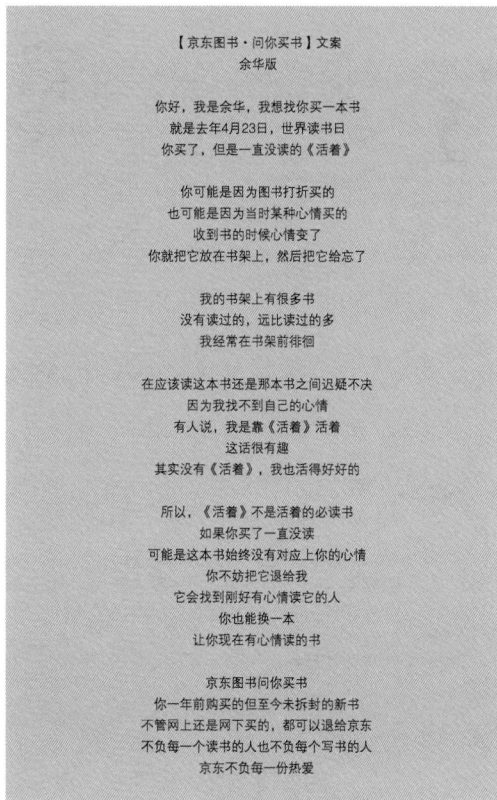

【京东图书·问你买书】文案
余华版

你好，我是余华，我想找你买一本书
就是去年4月23日，世界读书日
你买了，但是一直没读的《活着》

你可能是因为图书打折买的
也可能是因为当时某种心情买的
收到书的时候心情变了
你就把它放在书架上，然后把它给忘了

我的书架上有很多书
没有读过的，远比读过的多
我经常在书架前徘徊

在应该读这本书还是那本书之间迟疑不决
因为我找不到自己的心情
有人说，我是靠《活着》活着
这话很有趣
其实没有《活着》，我也活得好好的

所以，《活着》不是活着的必读书
如果你买了一直没读
可能是这本书始终没有对应上你的心情
你不妨把它退给我
它会找到刚好有心情爱它的人
你也能换一本
让你现在有心情读的书

京东图书问你买书
你一年前购买的但至今未拆封的新书
不管网上还是网下买的，都可以退给京东
不负每一个读书的人也不负每一个写书的人
京东不负每一份热爱

京东图书作为连接起读者与作者的桥梁，这次站在读书人、写书人的双重角度，以"不负每一个读书的人，也不负每一个写书的人"，更全面地演绎出了"不负每一份热爱"的品牌主张。

正是这三个"连接"，让"京东图书问你买书"脱离了一次单纯的广告，成了一次全民参与的事件化营销。相比于一条单方面发声的品牌广告，掷地有声的品牌行为更能体现品牌的"言行合一"。通过消费者的参与，建立起和他们的信赖关系，若再加上全渠道铺开的魄力，势必会吸引更多潜在用户，让更多人了解并认同品牌的价值观。

九、课后实施

学生选定一套系列的优秀的广告创意作品，进行广告创意分析，完成原创作品的"创意N+1"的模仿秀作品。示范作业如图4-35、图4-36。

【网络资源推荐】

微知库：http://csmz.36ve.com/

中国大学MOOC（慕课）：https://www.icourse163.org/

智慧职教：https://vocational.smartedu.cn/

【学习书籍推荐】

[1] 丁俊杰.《现代广告通论（第四版）》，中国传媒大学出版社，2022.05.

[2] 罗宾·兰达著，王树良译.《跨媒介广告创意与设计》，上海人民美术出版社，2019.04.

[3] 史磊.《广告创意设计手册》，清华大学出版社，2021.07.

[4] 周雨.《广告文案写作进阶指南》，厦门大学出版社，2019.09.

图4-35 创作的"创意N+1"的原作品

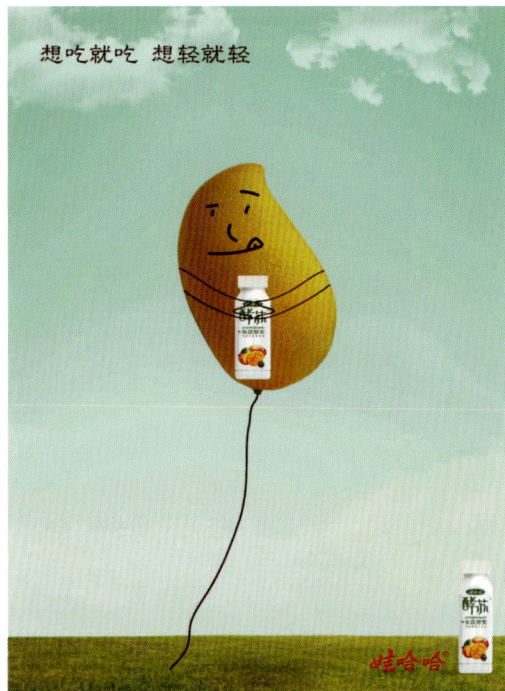

图4-36 创作的"创意N+1"的模仿秀作品

模块五

广告设计执行

MODULE FIVE
ADVERTISEMENT
DESIGN EXECUTION

模块五　广告设计执行

一、模块导学

（一）课前导学

每天连续16小时加班，自我认为视效不错的设计稿还是被客户"毙"了。

郁闷的同时，你还需要复盘，再度审视项目的预期目标和消费者的需要：你主创的设计作品与主题的诉求一致吗？具备美的视觉效果吗？广告文案有设计与层次编排吗？广告图形具备"无声推销员"的沟通与表现力吗？视频剪辑声画同步吗？作品的色彩调性符合产品的属性吗？

这些技术技能的情况需要逐项梳理，反思自己，定期给自己做复盘，列出所有的可能性，然后对应去解决，然后不断地去行动。

（二）课程思政元素

广告人既是创意者，又是文化工作者，知识和阅历是广告人的"资本"，一方面积蓄着无尽的创造力，另一方面也为洞悉市场、把握商机做好了内因准备。此模块教学内容借助广告设计美学解读、广告设计实践中图形的设计、文案的表现以及视听场景等元素的运用，引导学习者树立爱岗敬业、求真务实的工匠精神，不以低级趣味去媚俗，也不以"新奇"而弄虚作假，更不能为美其名曰"独特创意"设计发布庸俗、低俗、不合时宜的东西污染人们的视听。广告人在提高自身职业素质的同时，要增强自身的法律素质，更要明确创意的指导思想，表现企业与社会的融洽关系，重视广告的教育作用和广告受众的可塑性，传播社会公德、倡导行为正能量。

（三）岗课赛证案例赏析

第十三届全国大学生广告设计大赛

竞赛命题：云南白药牙膏

广告创意：蒋洁馨、王兵艳、欧洁仪

1. 品牌简介

2005年，第一支云南白药牙膏问世，打开了国人口腔护理的新篇章。数年来，云南白药牙膏始终以"医药科技，提升健康品质"为核心理念，持续为消费者提供优质、功能化、高端化、专业化、品质化的个人口腔护理品，成了消费者"口腔问题解决方案"的品牌。2020年11月，云南白药牙膏在巩固中国口腔护理第一品牌地位的同时，站在市场前端，伸手拥抱年轻的浪潮，推出行业首支拥有多种口味与多层颜色的"治愈之茶"奶茶牙膏，开拓了云南白药牙膏品牌的全新受众人群，进一步引领口腔健康生活新方式。

2. 产品信息

产品昵称：奶茶牙膏、"治愈之茶"牙膏、CC牙膏

产品风格定位：有颜·有料·有趣、专业口腔护理、年轻态

产品卖点：

①"有颜"——4款牙膏含有8重美味，8重色彩，8倍清新治愈感。

桃桃西柚奶盖款：桃桃甜蜜、柚柚清新、奶盖丝滑，3重叠加，层层惊喜；

草莓薄荷冰冰茶款：草莓mix薄荷的碰撞；

满杯奇遇鲜果茶：奇异果融合百香果，双重果香；

3分甜啵啵奶茶：满满醇香奶茶味。

②"有料"——满足不同人群、不同时期的口腔问题需求。

选用食品级原料，兼具高颜值和安全性；可减轻牙龈问题，修护黏膜损伤，营养牙龈，健康牙周。一套含4大功效：

清新：桃桃西柚奶盖，益生菌平衡口腔菌群，mix清新力；

亮白：草莓薄荷冰冰茶，植物美白配方，亮白洁齿力；

防蛀：满杯奇遇鲜果茶，双氟添加配方，健口防蛀力；

护龈：3分甜啵啵奶茶，经典云南白药牙膏配方，卓效修护力。

③"有趣"——奶茶、果茶融入牙膏中，让清晨即刻充满能量，牙膏跨界奶茶，刷牙就

像喝奶茶。

让治愈口腔问题成为一件甜甜的事；

零糖添加，甜而不腻。

3. 广告目的

①在目标人群中打造云南白药"治愈之茶"奶茶牙膏"有颜·有料·有趣"的核心卖点，让更多目标人群爱上这款产品；

②充分传递云南白药"治愈之茶"奶茶牙膏传承云南白药牙膏治愈口腔的"DNA"，同时贴近目标人群的个性化消费观，使产品在目标人群中快速渗透，实现品牌年轻态，焕发百年品牌的年轻活力。

4. 创意执行

系列1：广告以奶茶牙膏的"有颜·有料"为创意诉求切入点，采用元素同构的形式，单纯集中体现刷牙就像喝奶茶的独特卖点，专业口腔护理的亮白、防蛀、护龈通过广告文案"刷刷刷，口腔问题不害怕""刷刷刷，甜蜜亮白都用它""刷刷刷，赶走蛀牙全靠它"直接传播，既朗朗上口又有刷牙声效。广告色彩直接对应展现清新、甜蜜、醇香的满杯鲜果味，高颜值、年轻态的视觉效果跃然纸上。

系列2：广告以"治愈之茶"牙膏的"有料"为创意诉求切入点，聚焦不同人群、不同时期的口腔问题需求，采用夸张的手法扩展牙刷毛的长度，通过广告文案"除去3倍蛀牙的细菌""刷出3倍长久的美白""刷出3倍甜甜的弥香"直接体现出产品可减轻牙龈问题、营养牙龈、健康牙周的功效。

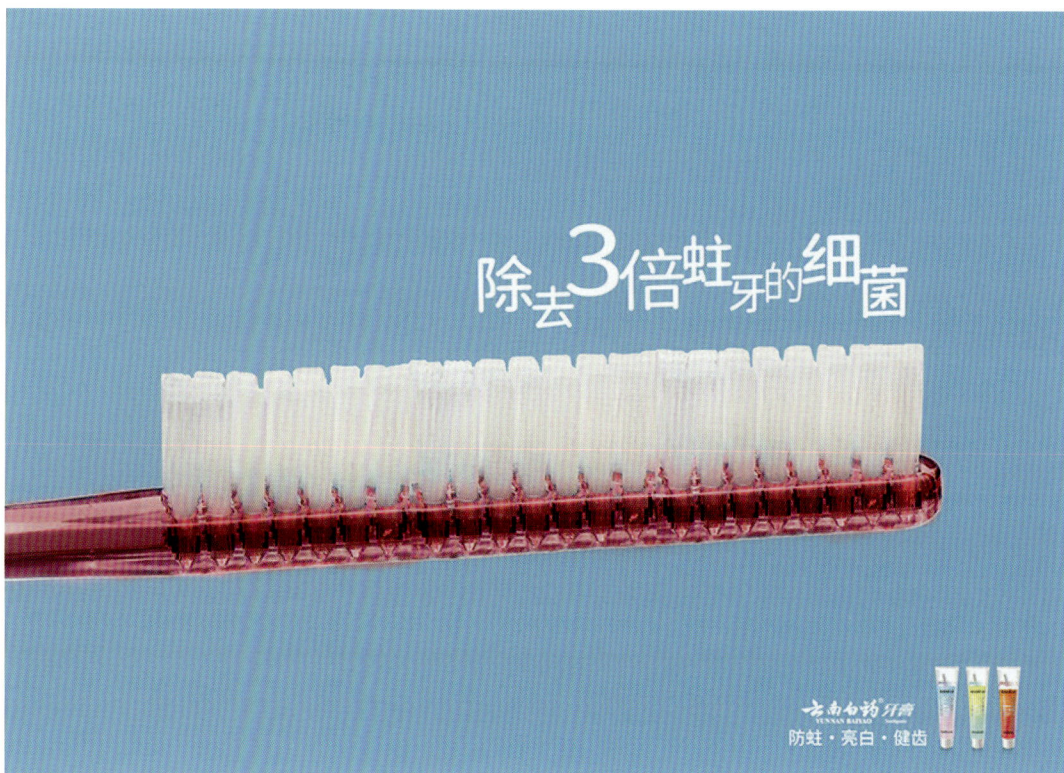

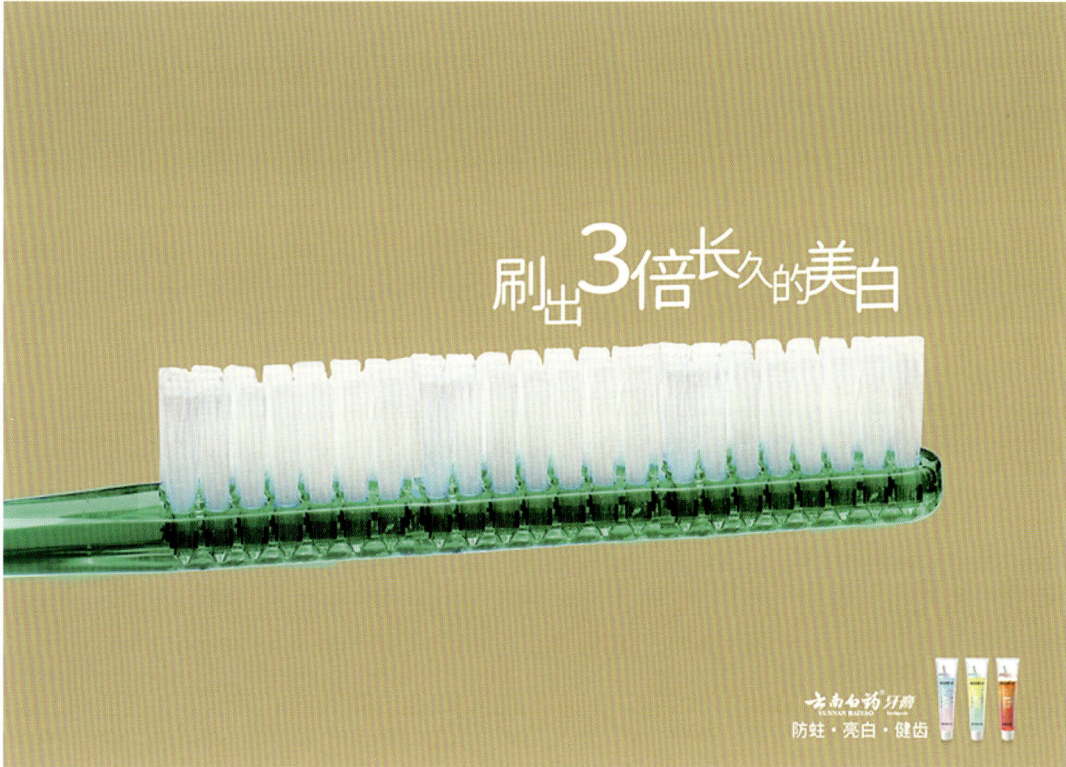

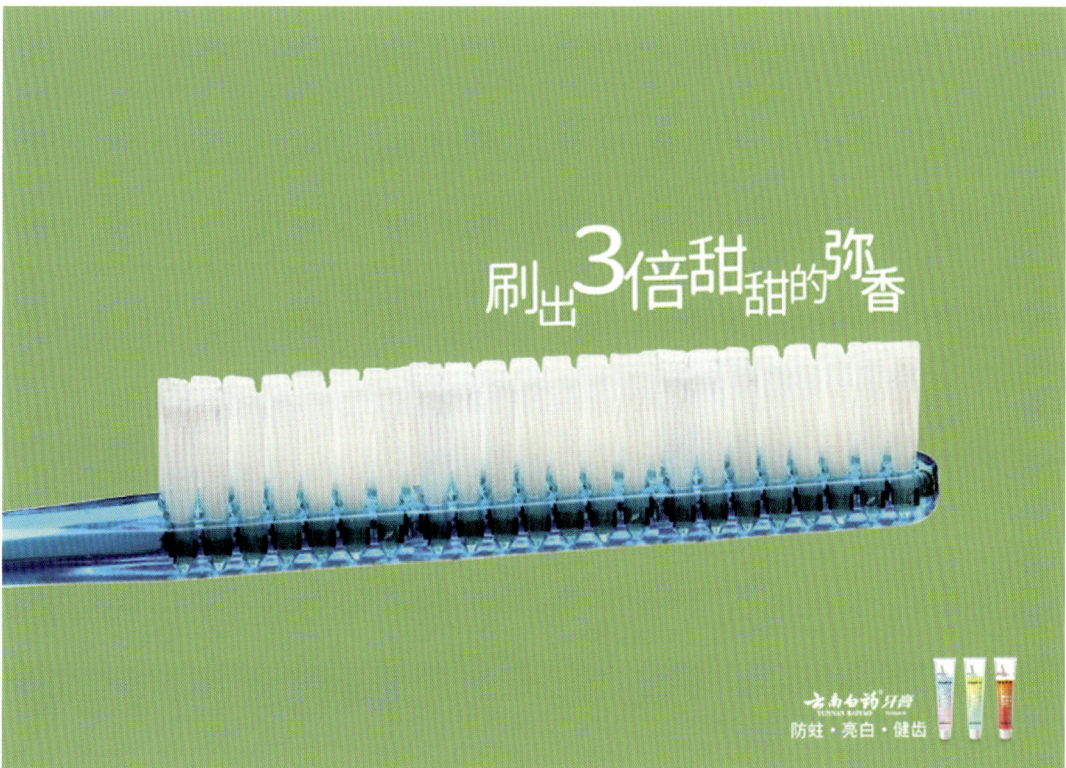

二、广告设计的图文与编排

（一）广告设计的美学特征

广告受众与广告是一种建立在信息传播与信息接收的审美关系上，主要通过广告设计者遵循"美的规律"设计制作广告的行为过程，其目的是对受众的视听产生冲击，唤起他们的注意或情感共鸣，进而对广告商品萌生好感。

"美的追求"体现于广告活动的每一个环节，它反映或渗透着一定时代的审美观念、审美趣味、审美理想，同时它也凝聚着广告人构思的心血和独创性的精神劳动。在美学方面呈现出形式美、色彩美、动态美、意境美等特征。

1. 画面构成的形式美

广告设计构成的形式美是在舍弃了事物的现实形态的基础上，把组成图像的基本单位归纳为点、线、面，由点、线、面的不同大小、色彩层次、视觉方向、形状疏密等来构成基本元素的变化，按重复、近似、渐变、发射、特异、对比、密集等章法组成构图形式，给人强烈、鲜明的审美感受。如杜蕾斯系列广告，通过图形不断重复来塑造画面的节奏感，画面单纯，形成独特的视觉美感（图5-1）。

2. 设计元素的色彩美

广告的色彩美与消费者的生理和心理反应密切相关，不仅能影响人们的感知、记忆、联想、情感，而且是广告设计内容表情达意的一种手段。在进行广告设计元素的色彩规划时，设计师必须观察、总结生活中的色彩语言，巧妙利用色彩的心理感受与意象，充分表现广告商品的特征和功能，加深消费者对广告信息内容的认知程度，通过色彩美向观众传情达意（图5-2）。

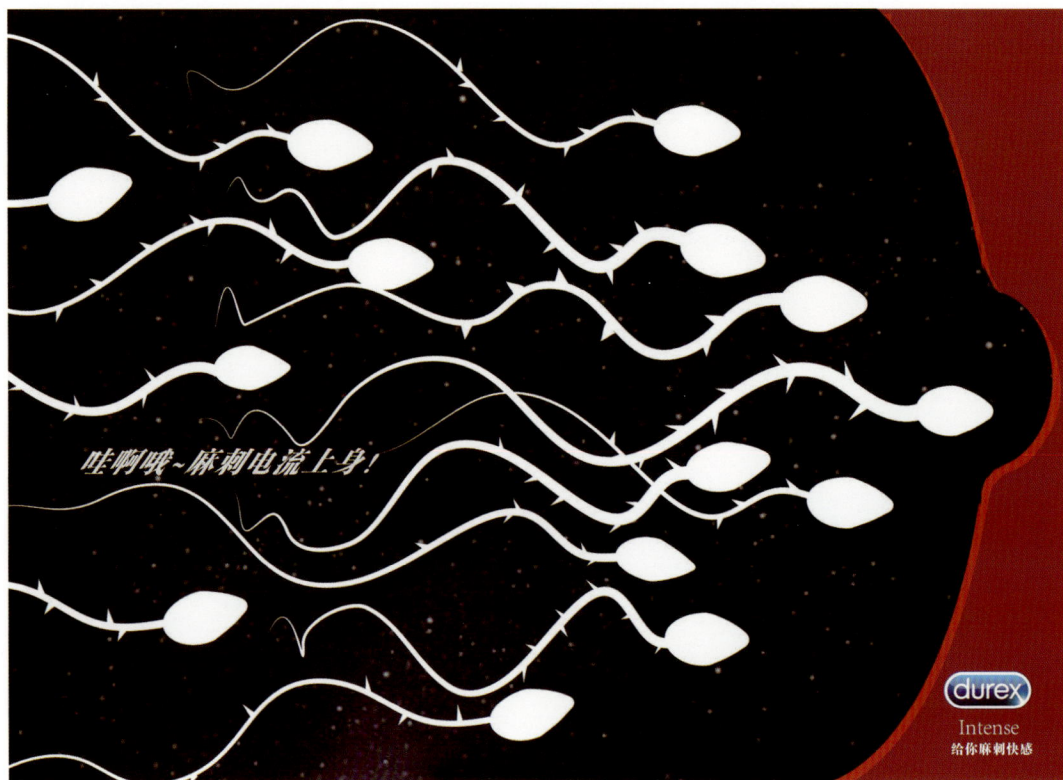

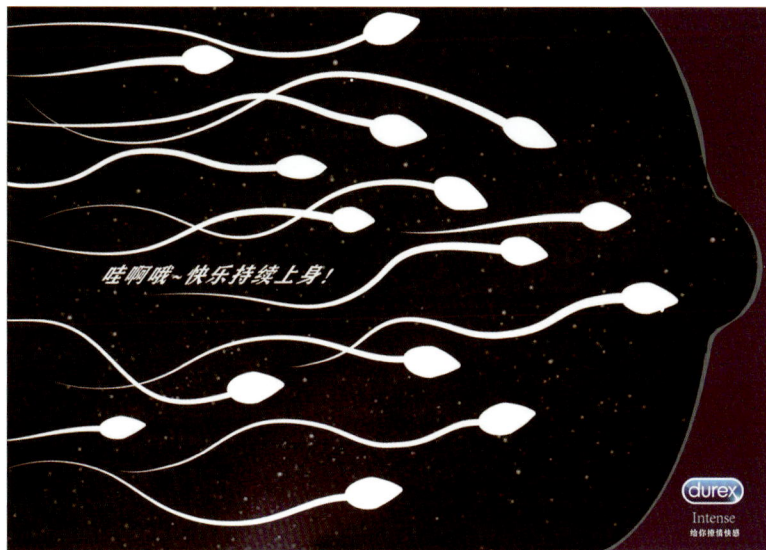

图5-1　第十届全国大学生广告设计大赛省赛优秀作品 / 王琪、向玉婷 / 杜蕾斯系列广告

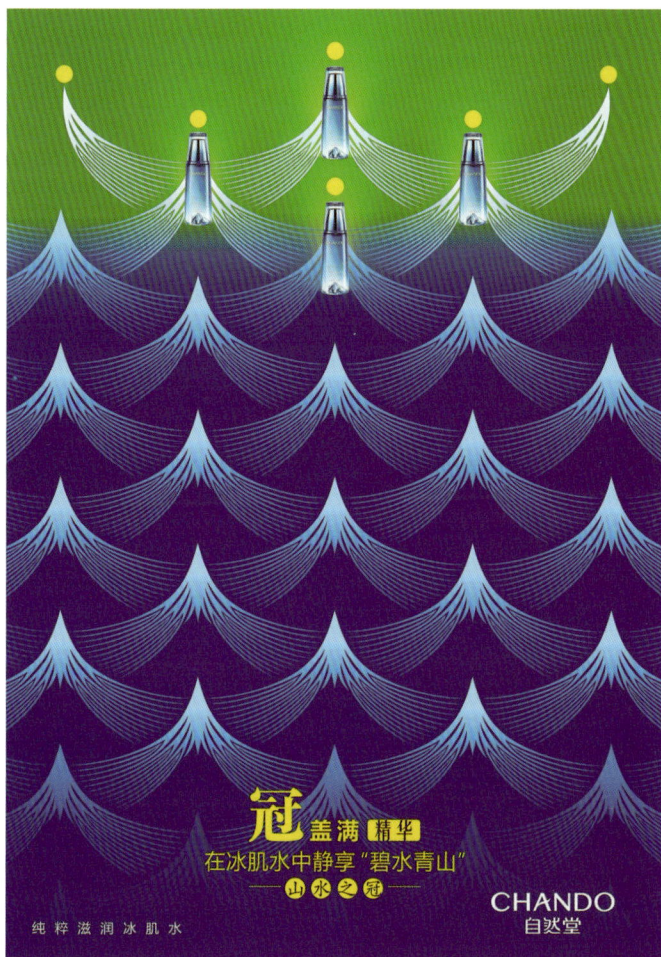

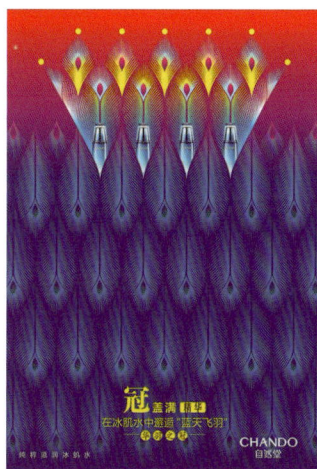

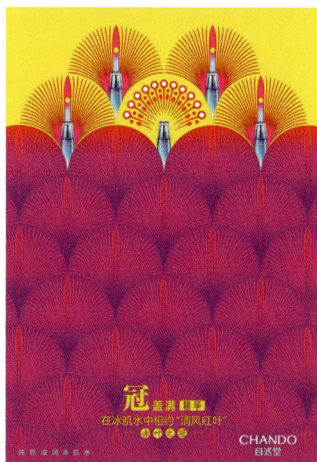

图5-2　第十二届全国大学生广告设计大赛省赛优秀作品 / 自然堂冰肌广告 /杨淼盛、罗悦 / 指导：彭嘉骐

3. 信息诉求的动态美

广告设计信息诉求的动态美最明显的就是它的交互性和流动性，其基础就是广告的信息诉求能融文字、图片、声音、动画于一体。广告设计信息诉求的多样性主要缘于传播媒体的多样性，它不仅包括公交车广告、地铁广告、霓虹灯广告、电波广告，还涵盖了户外影像广告、投影广告、插片广告、电视广告、网络广告等，可以最大范围地吸引观众的注意力，满足人们对信息咨询不同的认识和需求，以提高广告的宣传效果。如盒马鲜生——我快我"鲜"说系列广告，通过文案与衣着的色差对比，强化了产品从捕捞到餐桌的速递动态过程（图5-3）。

4. 视觉效果的意境美

广告视觉效果的意境是由广告画面的形式

图5-3 中国广告长城奖获奖作品 / 盒马鲜生——我快我"鲜"说系列广告 / 上海天与空

美衍生而来的设计意境，好的意境营造能够抓住人的心理，能够提升广告信息的传达率，增强产品的销售力。如图5-4，广告画面通过山水意境的营造表达信仰的纯粹和高尚。

广告意境的营造是由广告商业活动或产品的特点决定的，所讲求的意境美是媒体造型、

图5-4 第十三届大学生广告设计大赛公益广告作品 / 用信仰筑青春 / 刘炳江、吴金秀 / 指导：曹大勇

图形图像、色彩装饰、文案表达、空间照明等的综合表现，同时，受众的审美行为也刺激着它的不断完善。

（二）广告设计表现方法

富有创意思维的广告设计作品往往最能吸引大家的眼球，然而，创意并不是一蹴而就的。常见的一些广告创意方法如下。

1. 直接展示法

这是一种最常见的运用十分广泛的表现手法。它将某产品或主题直接如实地展示在广告版面上，充分运用摄影或绘画等技巧的写实表现能力，细致刻画和着力渲染产品的质感、形态和功能用途，将产品精美的质地引人入胜地呈现出来，给人以逼真的现实感，使消费者对所宣传的产品产生一种亲切感和信任感（图5-5、图5-6）。

这种手法由于直接将产品推向消费者面前，所以要十分注意画面上设计元素的组合和展示角度，应着力突出广告主题创意的诉

求概念，以及最容易打动人心的部位，运用色光和背景进行烘托，使产品置身于一个具有感染力的空间，这样才能增强广告画面的视觉冲击力。

2. 对比衬托法

对比是一种趋向于对立冲突的艺术美中最突出的表现手法。它把作品中所描绘的事物的性质和特点放在鲜明的对照和直接对比中来表现，借彼显此，互比互衬，从对比所呈现的差别中，集中、简洁、曲折、变化地表现产品。通过这种手法能更鲜明地强调或提示产品的性能和特点，给消费者以深刻的视觉感受（图5-7）。

对比衬托手法在广告创意中的运用，不仅使广告主题加强了表现力度，而且使广告饱含情趣，扩大了广告作品的感染力。若对比衬托手法运用得成功，能使貌似平凡的画面处理隐含着丰富的意味，展示出广告主题表现的不同层次和深度。

图5-5　伊利畅轻广告

图5-6　喜力啤酒广告

图5-7 保鲜膜保鲜广告

3. 合理夸张法

合理夸张法就是借助想象，对广告作品中所宣传的对象的品质或特性的某个方面进行相当明显的过分夸大，以加深或扩大消费者对这些特征的认识。文学家高尔基指出："夸张是创作的基本原则。"通过夸张手法能更鲜明地强调或揭示事物的实质，加强作品的艺术效果。

夸张是在常规中求新奇变化，通过虚构把对象的特点和个性中美的方面进行夸大，赋予人们一种新奇与变化的情趣。通过夸张手法的运用，为广告的艺术美注入浓郁的感情色彩，能使广告的特征性鲜明、突出、动人。如通过对谣言进行夸张化的视觉表现，来表达谣言的危害（图5-8）。

4. 以小见大法

在广告设计中对立体形象进行强调、取舍、浓缩，以独到的想象抓住一点或一个局部加以集中描写或延伸放大，以更充分地表达主题诉求。这种艺术处理以一点观全面，以小见大，从不全到全的表现手法，给设计者带来了很大的灵活性和无限的表现力，同时为接收者提供了广阔的想象空间，使其获得生动的情趣和丰富的联想。如DDB胶水广告：超常的细节处理、超强黏合力，犹如斗牛遇到斗牛士、飞蛾遇到灯光、青蛙遇到害虫（图5-9）。

以小见大中的"小"，是广告画面描写的焦点和视觉兴趣中心，它既是广告创意的浓缩和生发，也是设计者匠心独具的安排，因而它已不是一般意义的"小"，而是小中寓大、以小胜大的高度提炼的产物，是设计师为追求简洁视觉效果的刻意追求。

5. 富于幽默法

幽默法是指广告设计师的广告作品中巧妙地再现喜剧性特征，抓住生活现象中局部性的东西，通过人们的性格、外貌和举止的某些可笑的特征表现出来。

幽默的表现手法，往往运用饶有风趣的情节、巧妙的安排，把某种需要肯定的事物，无限延伸到漫画的程度，造成一种充满情趣、引人发笑而又耐人寻味的幽默意境。幽默的矛盾冲突可以达到既出乎意料，又在情理之中的艺术效果，如洗洁精广告，将油脂从碗碟上分离开来，比你想的要困难很多。画面勾起观赏者会心的微笑，以别具一格的方式，发挥艺术感染力的作用（图5-10）。

6. 突出特征法

突出特征法就是运用各种方式抓住和强调产品或主题本身与众不同的特征，并把它鲜明

图5-8　第十二届大学生广告设计大赛公益广告作品／胡婀娜、刘金辉／指导：曹大勇

图5-9　胶水广告 / DDB

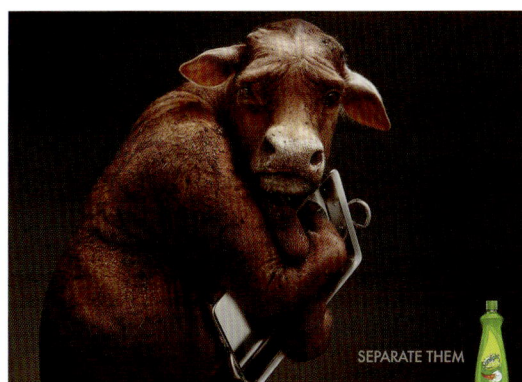

图5-10　洗洁精广告 / Clingy Animals

地表现出来，将这些特征置于广告画面的主要视觉部位或加以烘托处理，使观众在接触言辞画面的瞬间即很快感受到，对其产生注意和视觉兴趣，达到刺激购买欲望的促销目的。

如光盘行动公益广告，通过盘子联想到光滑的溜冰场，突出了光盘行动的主题表现（图5-11）。突出特征法应着力加以突出和渲染产品特征与不同功能。突出特征的手法也是我们常见的运用得十分普遍的广告创意手法。

7. 运用联想法

在审美的过程中通过丰富的联想，能突破时空的界限，扩大艺术形象的容量，加深画面的意境。

通过联想，人们在审美对象上看到自己或与自己有关的经验，美感往往显得特别强烈，从而使审美对象与审美者融合为一体，在产生

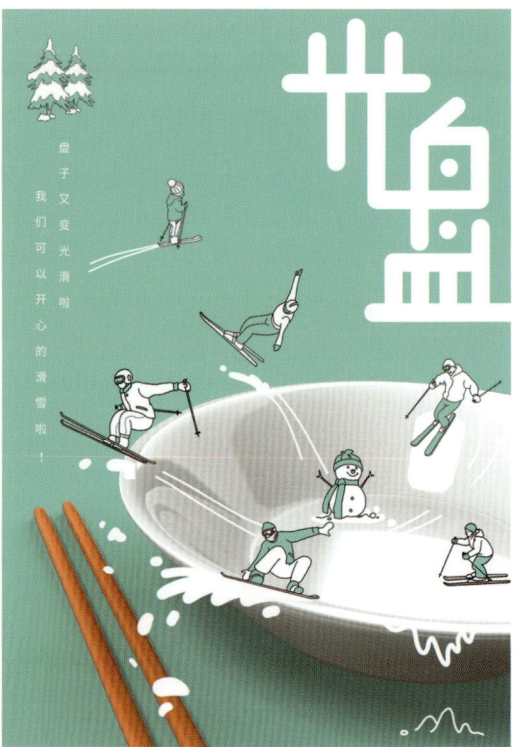

图5-11　光盘行动公益广告 / 张娟 / 指导：程诚

联想过程中引发了美感共鸣，其感情强度总是激烈的、丰富的。如北京啤酒系列广告，通过啤酒花与南极、北极冰雪的同构，让消费者自然联想到冰冷、冰爽的心理感受（图5-12）。

由上可见，广告创意方法就是要找到说服消费购买的理由，提炼出能与消费者沟通的视觉元素，从而引起消费者的认知与共鸣。广告创意方法应包括两个要点：第一，必须以广告主题为核心，紧扣主题；第二，必须是能与受众有效沟通的艺术构思。

在广告创意进程中，决定创意好坏的先决条件是创作者的观念。要树立人性需求的表达和升华才是创意设计要解决的核心问题的人本观念，用预设的情景（图形、文案和故事）及看得懂、有指向性的暗示来影响目标消费者的感情和行为，使之听从劝说，达成用户对品牌

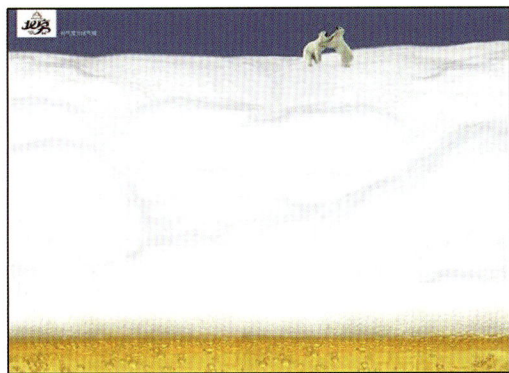

图5-12　金犊奖优秀作品/北京啤酒/雷定邦/指导：曹大勇

价值、产品功能的体验黏性。

（三）广告版面的编排技巧

广告编排是根据整体广告策略的要求，把标题、标语、图形、商标等要素综合起来作总体的布局与安排。成功的编排设计使广告要素的表达合理、清晰、完整，从而将商品信息有力地传达给消费者，使他们产生兴趣，产生购买欲望，达到促进销售及提高商品知名度的目标。广告编排的设计形式要独具特色，表现广告的个性，又要注意各个要素的内在联系，以求达到自然、流畅、统一，具有强烈的视觉效果。

1. 思想性与单纯性

编排设计本身并不是目的，要能够反映出广告主题思想和视觉印象，使读者接受所传达的信息。一个成功的编排设计，首先必须明确广告宣传的目的，了解、观察、研究与设计有关的视觉阅读心理，有效体现主题的思想内涵是编排设计良好的开端。

版面离不开内容，更要体现内容的主题思想。在任何一个广告编排中，必须在众多构成要素中突出一个视觉主体，这个视觉主体是广告思维主题思想或观众阅读广告的起点。版面编排时力求清晰、鲜明、单纯化，使其在瞬间的视觉冲击中具备单纯而有力的诉求效果，用以增强读者的注目力与理解力（图5-13、图5-14）。

2. 艺术性与装饰性

为达到意新、形美、变化而又统一的版面视觉效果，设计师要在版面上艺术性地设置一个"着眼点"——吸引受众观看广告的"着眼点"，再从"着眼点"出发，设置一条"视觉的途径"——视觉流程，让受众的眼睛沿着这条途径巡视广告版面的其他部位，艺术地表现

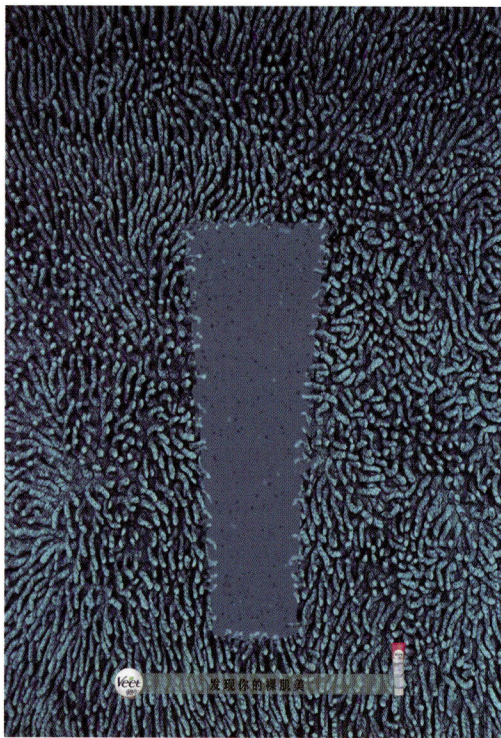

图5-13　第十一届全国大学生广告设计大赛公益广告作品 /
发现你的裸肌美 / 韦入方 / 指导：曹大勇

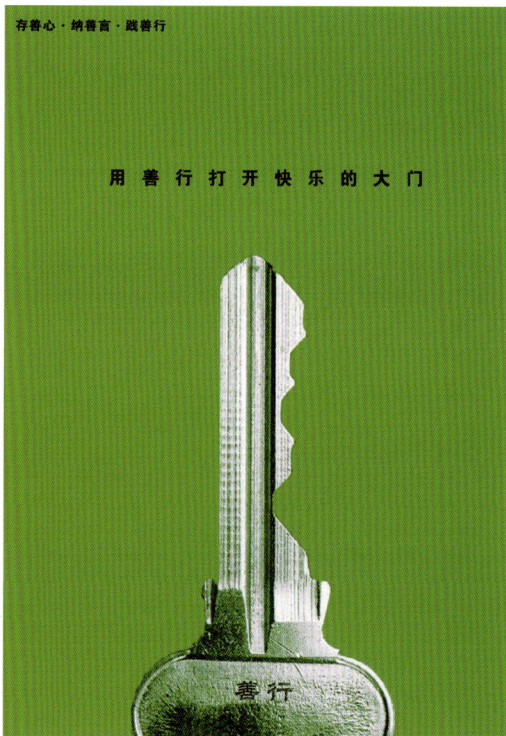

图5-14　第十一届全国大学生广告设计大赛公益广告作品
/ 善言善行 / 吴鑫涛、张梦婷 / 指导：曹大勇

版面的审美、意境和艺术修养。

版面的装饰因素是由文字、图形、色彩等通过点、线、面的组合与排列构成的，装饰是运用审美特征构造出来的。不同类型的版面信息，具有不同方式的装饰形式，它不仅起着排除其他、突出版面信息的作用，而且还能使读者从中获得美的享受（图5-15）。

3. 趣味性与独创性

排版设计中的趣味性是活泼版面视觉语言。如果版面本无多少精彩的内容，就要靠安排各种要素所占的位置、比例的视觉差异来制造趣味，这需要在构思中调动艺术手段发挥作用。

广告编排的独创性是排版设计的灵魂，独创性实质上是突出编排个性化特征的独树一帜，通过编排设计，人为地产生最佳视点，突

图5-15　第十一届全国大学生广告设计大赛省赛获奖作品 / 娃哈哈AD 钙奶广告 / 周澳宇、吴家乐 / 指导：曹大勇

出主要内容，诱导读者的视线左右流动、上下流动，以及斜线的不稳定流动。敢于别出心裁，多一点个性而少一些共性，多一点独创性而少一点一般性，才能赢得消费者的青睐（图5-16）。

4. 整体性与协调性

排版设计是传播信息的桥梁，追求的完美形式必须符合主题的思想内容，这是排版设计的根基。只讲表现形式而忽略内容，或只求内容而缺乏艺术表现，版面都是不成功的。编排设计必须能够便利视觉流通，绝不能有任何地方使读者感到困惑。只有把形式与内容合理统一，强化整体布局，才能取得版面构成中独特的社会和艺术价值，才能解决设计应说什么、

图5-16　第十三届全国大学生广告设计大赛省赛获奖作品 / 娃哈哈果汁 / 许昕仪、宋欣雅 / 指导：曹大勇

对谁说和怎样说的问题。版面的协调性也就是强化版面各种编排要素在版面中的结构及色彩上的关联性。通过版面的文、图间的整体组合与协调性的编排，使版面具有秩序美、条理美，从而获得更好的视觉效果（图5-17）。

　　总之，在各种形式的广告设计中，要明确广告信息内容的主次，注意版面的视觉流程，做到主题突出，视觉美观。

（四）广告色彩的规划应用

　　色彩是广告表现的构成要素之一，它与图形、文字一起对广告信息进行诉求传达，不仅能真实地还原商品、人物和景物的形态，吸引人们的注意力，而且能有效地突出广告的焦点，引导阅读。广告中完美的色彩规划能影响人们的感知、记忆、联想、情感等，直接或间接地提高广告引起人们注意的程度。好的设计师不应以自己的习惯用色为标准，不以其对色彩的好恶为目的，而应根据特定广告内容和实际视觉效果选择和运用色彩。

1. 广告色彩的心理表述

　　色彩本身并无感情，但因经过人们审美经验积累和演化能产生色彩情感与象征寓意。广告的色彩情感与象征寓意应该和具体的广告信息联系起来，由于文化背景的差异，不同民族、不同宗教信仰、不同地域的人对相同的色彩有时有完全相反的理解。

　　例如黄色在印度作为光辉的象征，而在巴西则作为绝望、死亡的象征；例如同为绿色系，橄榄绿象征和平、柳叶绿象征春天；等等。因此，设计师要熟知色彩的相关知识，不能单纯孤立抽象地谈论某种颜色色彩情感与象征寓意，以免在设计时用错颜色。

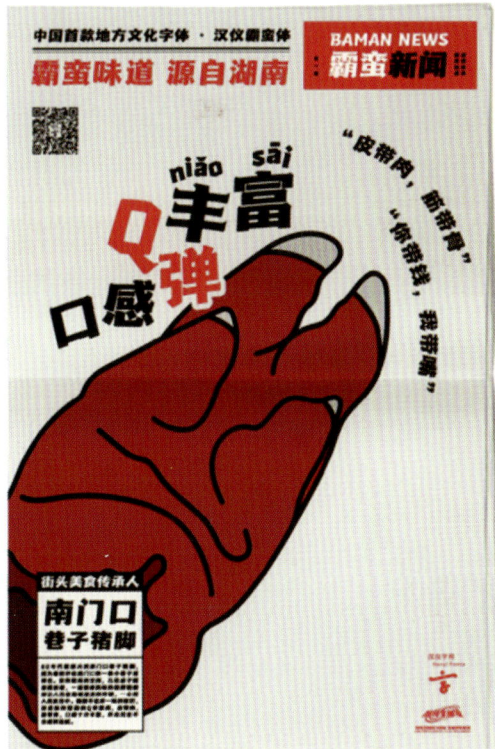

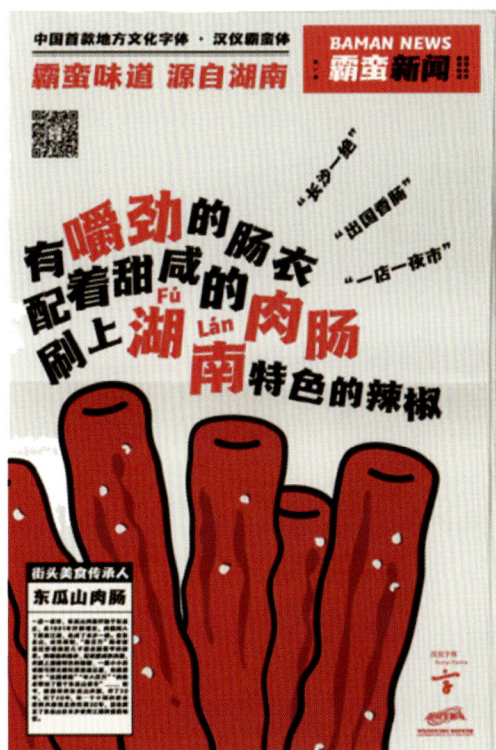

图5-17　街头美食传承人系列海报

在广告的色彩运用中，色彩能影响人的情绪，我们要注重色彩的心理表述。如黄色寓意高贵，绿色表现为自然、健康、新鲜，蛋糕上的奶油黄色，给人以酥软的感觉。研究表明，暖色调的广告较冷色调的广告更具有吸引力（图5-18）。

2.广告色彩的对比与调和

广告色彩因色相、明度和彩度三种对比引人注目，因调和色彩关系而使广告产生意境。色彩对比带有强烈反差的色彩组合，色彩调和常常体现出一种理性、优雅的品质。如预洗保护产品广告的色彩运用强对比，体现产品清洗的功效（图5-19）。如360 N6 PRO动态防噪手机广告运用色彩的调和，有效体现了柔和协调的场景，符合广告产品售卖信息的表现（图5-20）。

图5-18　第十届全国大学生广告设计大赛省赛获奖作品 / 娃哈哈系列广告 / 魏邵君、阳明 / 指导：赵敏

图5-19　预洗保护产品广告

图5-20 第25届中国国际广告节长城奖"平面类"金奖、"户外类"铜奖 /《让世界安静下来》/ 360 N6 PRO / Red Bank·红岩

3. 广告媒介的色彩规划

不同的媒介因介质、传播方式及特质的不同,其色彩的表现也具有很大的差别。如杂志印刷较精美,纸张精细,色彩还原比较好,因此价值相对较高,而报纸的画面精细度远远不如杂志,户外广告则注重画面宽大的效果,电视、网络等则基本不受色彩的限制。在实际操作中,对于不同的媒介在色彩的运用上也有很多实际经验和技巧。如印刷品,其成品的颜色与电脑显示的颜色有实际差别,不同的纸质表现的色彩显示效果差别很大,与正常色相相比,纸质版(即CMYK色彩模式)还原色相相对弱,而电视、网络、手机等是由直接光束成色,即RGB色彩模式,往往色彩更加鲜艳、亮丽(图5-21)。

总之,色彩作为广告设计的重要组成元素,其必须服从整个广告活动策略,体现品牌和产品的特征,才有助于整体形象的传播。色彩应用则要紧扣主题,借鉴传统艺术、现代绘画、工艺美术的色彩寓意,借鉴大自然的色彩启发,以及其他艺术门类如戏曲、音乐等色彩情感与心理暗示,轻松自如地在广告设计中应用色彩。

三、公益广告的设计

公益广告作为广告的一个分支,除了具有广告的一些共性之外,还具备自己的一些个性。

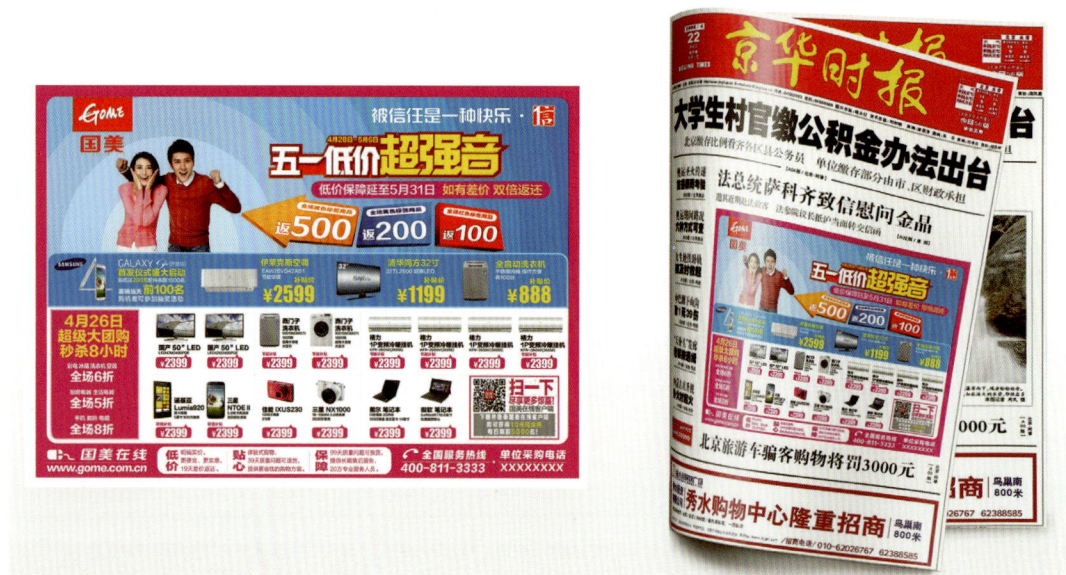

图5-21　不同广告媒介色彩表现

（一）公益广告的特征

1. 公益性

公益性是公益广告最本质的特征，它不是为了让企业获取经济上的利润，也不是为了让哪个政治团体获取政治上的支持，而是纯粹为公众服务的广告，目的就是为大众谋福利，为社会的发展做贡献。

纵观中外公益广告的宣传主题，无不是社会公益性内容，它关注的是整个社会的共同利益，面向的是社会广大公众，针对的是现实时弊和不良风尚。它通过短小轻便的广告形式及其特殊的表现手法，激起公众的欣赏兴趣，进行善意的规劝和引导，匡正过失，树立新风，影响舆论，疏导社会心理，规范人们的社会行为，以维护社会道德和社会正常秩序，促进社会健康、和谐、有序运转。是以实现人与自然和谐持续发展为目的的广告宣传（图5-22）。

2. 非营利性

非营利性是公益广告的一个重要特征，它之所以和商业广告区别开来，重要原因正在于此。无论是哪个团体、组织或部门发布的公益广告，都是非营利的。

商业广告是企业为了赚钱而花钱做广告，目的是为了获得经济利益；公益广告是政府为了引发大众对某些社会热点、公益事件的关注而花钱做广告，只为服务于社会，是不以营利为目的的。例如中央电视台一直不间断地播放公益广告，其占用大量的电视版面、时段，花费的人力、财力是不能像商业广告一样得到回报的，这种在经济上的无偿付出，本身就是为社会服务而不计自身的经济回报的奉献精神的体现。

3. 社会性

公益广告所关注的不是一个人或少部分人的问题，而是关注着人们普遍关心的社会性问题，因而具有社会性的特征。中国传媒大学黄升民教授说："我们知道，广告是有导向性的，公益广告更是具有导向性和社会性，是社

会文明的旗帜，是国家理想的标杆。"为规范公益广告管理，扩大公益广告的社会影响力，国家工商总局2016年发布《公益广告促进和管理暂行办法》，对媒体单位等发布公益广告作出规定：政府网站、新闻网站、经营性网站等应当每天在网站、客户端以及核心产品的显著位置宣传展示公益广告；广播电台、电视台按照新闻出版广电部门规定的条（次），在每套节目每日播出公益广告；要求公益广告应当保证质量，价值导向正确，符合国家法律法规和社会主义道德规范要求，体现国家和社会公共利益（图5-23）。

由于人们关心的社会问题具有鲜明的时代性，因此公益广告的社会性往往表现为时代特色，它取材于当代社会，针对时代热点和难

图5-22　第十二届全国大学生广告设计大赛公益命题国赛获奖作品／"疫"：《守护、保护、呵护》／李帆、于巾校／指导：文晨

图5-23　公益广告 /《人因梦想而伟大》/ 苏霏

点问题展开公益宣传。公益广告正是以社会性重大主题作为宣传内容，诸如爱国爱家、环境保护、尊师重教、文明礼仪等（图5-24、图5-25），才能为社会公众所普遍重视，才能起到倡导新风尚、宣传新观念、规劝警示公众等作用。

4. 通俗性

公益广告的通俗性是由它的受众是社会公众这一特点所决定的。其他商业广告面对的是某一特定的目标受众，所以其广告的表现形式和内容都要符合目标受众的特点，而公益广告的受众为广大公众，受众的文化程度不一，理解能力不一，因此公益广告必须通俗易懂。广告传播内容要取材于老百姓日常生活中的酸甜苦辣和喜怒哀乐，以鲜明的立场及健康的方法来正确引导社会公众，而且艺术表现形式上

图5-24　第六届湖南公益广告大赛获奖作品 /《不忘初"芯"》/ 屈子航 / 指导：赵敏

图5-25 第十一届全国大学生广告设计大赛公益命题省赛获奖作品／善言善行／宋张彬、陈佳／指导：曹大勇

要通俗、简洁，语言文字要使用规范、平易近人，适合大多数人的审美品位。只有这样，公益广告才可能真正起到服务公众的目的。

公益广告通常由政府有关部门来做，广告公司和部分企业可参与公益广告的赞助。企业通过赞助公益广告活动，借公益宣传向社会展示企业的理念，提高企业的形象，使公益广告活动成为企业与社会公众沟通的有利渠道，容易得到社会公众的认可。

（二）公益广告的表现

公益广告活动的宣传媒体主要包括报纸、杂志、电视、广播等传统媒体，其中以电视公益广告最多，覆盖面最广，效果最好。目前，随着全媒体时代的到来，为了吸引年轻人参与到公益活动中，越来越多的公益广告更倾向于选择与年轻人亲近的新媒体进行发布，比如网络、手机、户外电子屏幕及户外灯箱等。

如何让公众感到有趣、好奇、轻松、耐看，从而使公众巧妙地发自内心地接受，是公益广告制作的首要课题。一个优秀的公益广告的创意与制作，应具备以下几点要求。

1. 深刻揭示本质，透彻剖析事理

公益广告推销的是观念。观念属于上层建筑，思想性是公益广告制作的第一要旨。它是智慧的结晶、视听的全感触，要把思想性和艺术性统一起来，融思想性于艺术性之中。一个优秀的公益广告会使公益广告的警示教化效果倍增。

如《拒绝校园暴力》公益广告，作品中把皮肤淤青与暴力行为结合，揭示校园霸凌事件的社会问题，让原本快乐无忧的青春蒙上阴影。作品将正确的导向，通过设计元素的组合自然而然地流露出来，呼吁政府、社会、学校和家庭共同发力，从根本上对校园霸凌加以遏制（图5-26）。

2. 高度艺术浓缩，巧妙含蓄比喻

公益广告的制作必须紧凑简短，不拖泥带水，宣传效果要虽短犹精，情真味浓。这就要求我们把告诉人们的东西高度浓缩于耀眼的一瞬间。如中央广播电视台播出的公益广告《妈妈的等待》，运用无缝隙转场的剪辑效果表现妈妈的爱，是无悔青春流逝的爱，是陪你走一辈子的爱。广告呼吁每个人在追求自己未来的路上停下匆忙的脚步，珍惜身边最爱你的人，多陪陪渐渐老去的父母。艺术的浓缩，可以十倍地缩短时间和篇幅，百倍地增加感染力与说服力（图5-27）。

3. 适度地夸张，精辟地警策

好的广告创意离不开精妙的比喻，更离

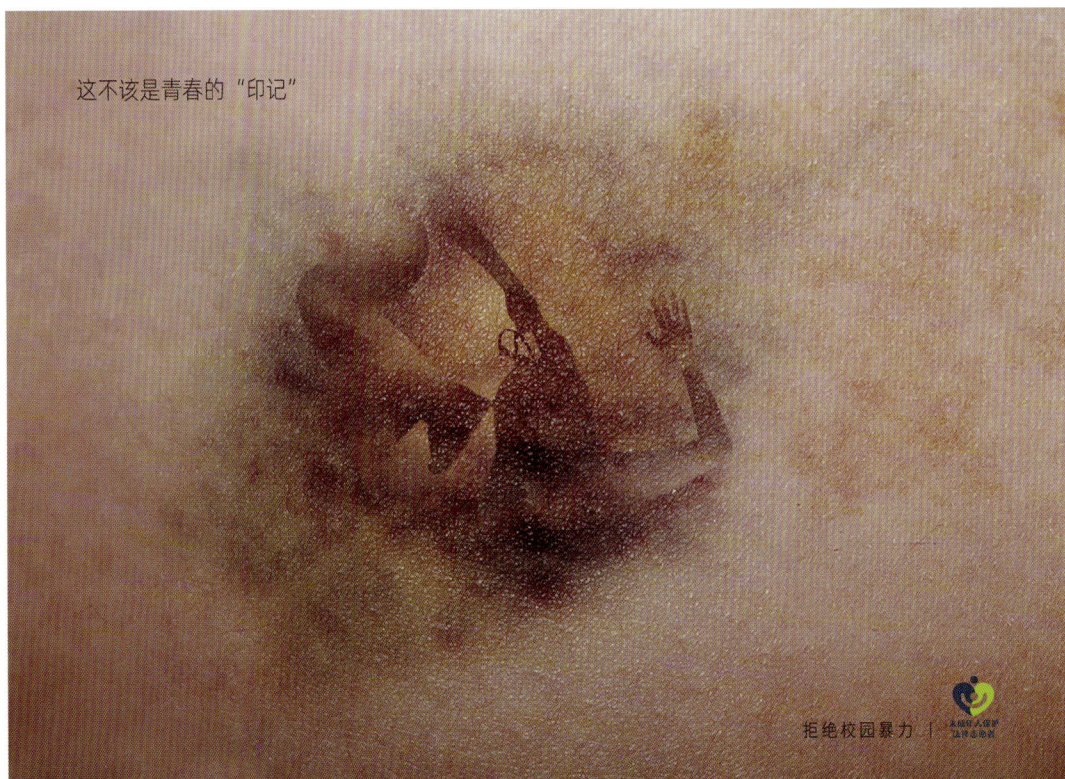

这不该是青春的"印记"

拒绝校园暴力

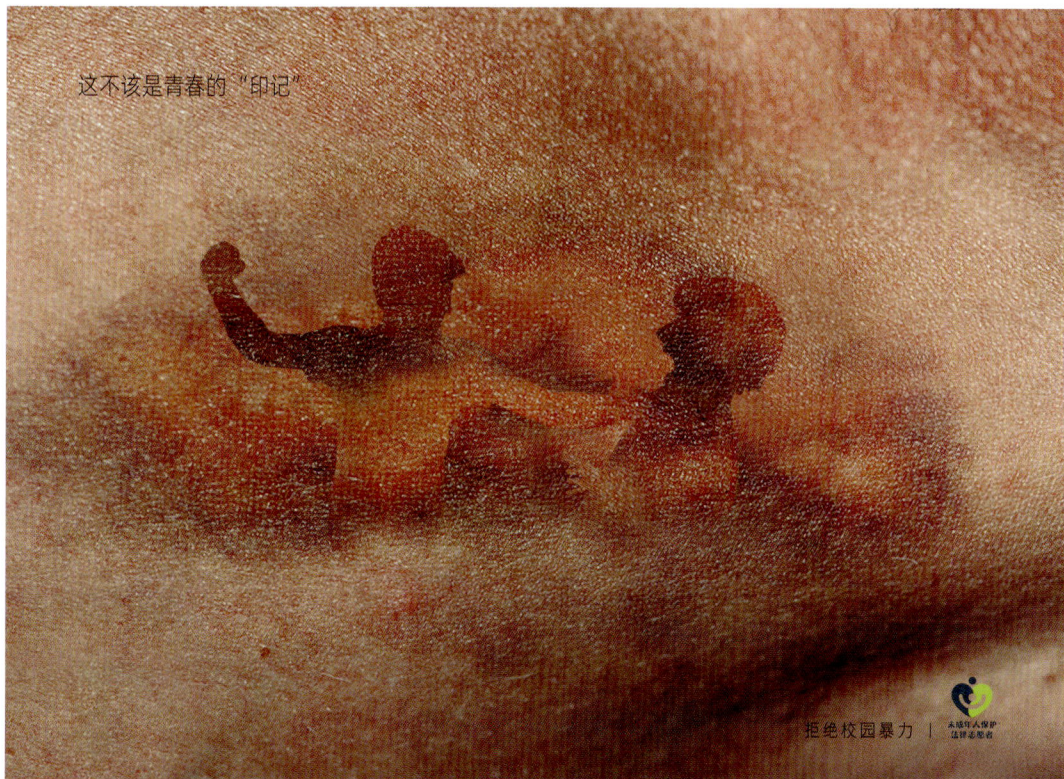

图5-26　第二十九届优秀广告作品暨公益广告创作大赛作品 /《拒绝校园暴力》

图5-27　中央广播电视台公益广告 /《妈妈的等待》

不开适度而准确的夸张。如中央广播电视台感人公益广告《老爸的谎言》：通过老爸接电话的谎言映射空巢老人实际孤独的画面，精辟地警策儿女们成长"离巢"、因工作离家后，应保持体贴父母。视频画面通过视觉元素的适度夸张，质朴的语言文字，警示并呼吁儿女们别只停留在电话端的语言问候，而应从行动上关心父母——"别爱得太迟，多回家看看"（图5-28）。

公益广告的创意风格各异，各有各的妙处：有直言相告，启迪心智的；有妙语惊人，针砭时弊的；有措辞警策，发人深省的；还有画龙点睛，让人茅塞顿开的。总之，一条创意绝妙的公益广告，总会通过声、像、字幕、音响等视听手段充分体现其创意效果，以求产生最好的社会效益，达到警世和教化的目的。如分屏广告《陪伴的时差》：通过分屏同时展示家人不同时间点各自的工作与生活状态，提醒观众家人的陪伴是生活的常态，哪怕只用一小时也能改变很多很多（图5-29）。

我国的公益广告事业已经走过了近40年，取得了明显进步。但从整体来看，我国公益广告发布量还是偏低，公益广告运作机制还有待健全和完善。当前，我们应倡导更多的媒体和广告人士关注和发展公益广告，展现我们国家的公益理想、展现我们国家的气质和精神追求，引导社会风尚，弘扬社会主义核心价值观。公益广告事业，不仅仅是政府行为，而且需要得到全社会的参与和支持。如果有更多的企业家能认识到这一点，并积极参与，我国未来的公益广告事业定会有一个更加广阔的天地和更加美好的前景。

四、商业广告的设计

随着广告传媒的规模化、传播现象的普遍化、传播活动的社会化、传播功能的显性化，商业广告作为商品销售的一个环节，有它自己的目标市场和目标对象，这是由企业的商品或服务的目标市场所决定的。不管商业广告所传

图5-28　中央广播电视台公益广告 /《老爸的谎言》

图5-29　《陪伴的时差》/ 分屏创意公益广告

播的信息内容是什么，商业广告必须明确"广告主"。广告主对他发出的广告信息的真伪负法律责任，使消费者放心地购买广告主做广告的商品。企业之所以用广告宣传产品而不用面对面人员推销，是因为时间及成本上，广告的宣传效率远超过人员推销的效率。

商业广告既是一种经济现象，也是一种文化现象。商业广告一方面具有促进销售、指导消费的商业功能，另一方面也服务社会，传播符合社会要求、符合人民群众利益的思想、道德、文化观念，具有社会功能。如好欢螺螺蛳粉5分钟的长广告，从律师、个体户、白领、教师、学生、医生等身份，描述了每个职业、每个个体生命的无奈与心酸，结局的反转意料之外，又是情理之中，最后结尾的一句"螺蛳粉的美味，了解过才知道"，联系前面的剧情，给人感觉商业广告借故事情节的演绎也能把社会道德贯穿于产品信息的传播中（图5-30）。

多元化的传播方式决定了商业广告设计表现形式的多变性质。商业广告按媒体传播方式可分为视听媒体类广告、印刷媒体类广告、户外媒体类广告、线上媒体类广告等多种样式。

（一）视听媒体类广告设计

我们每天打开电视、手机就能看到各式各样不同的商业广告，有的是宣传产品，有的是宣扬形象，无论是化妆品还是日常用品，空调还是洗衣机，都是融宣传性、娱乐性、教育性于一体的视听类广告。中国传统文化、价值观念也在广告中得到渗透，改变了视听广告单纯的角色。视听媒体类广告主要包括企业宣传片、微电影、电视广告、动画广告、广播广告、电子视频广告等几个类型，每个广告内容不同、形式不同、目的不同，其主要的创作方

式有以下几种。

1. 故事型创作方式

故事型的商业广告就是借用文学创作的手法，将商品和服务的信息通过新颖、独特的故事情节设计展现给受众。故事化情节意味着广告要打破常规的叙事逻辑，要善于设置故事悬念，创造跌宕起伏、引人入胜的效果。广告善于捕捉富有特征的典型细节，深化观众对信息主体的感受体验，让观众有"代入感"，于故事的情节中宣传产品，从而留下深刻的印象。融媒体时代下的故事型商业广告形式已成为众多企业视频广告宣传的最佳方式之一（图5-31）。

2. 幽默型创作方式

通过运用一些幽默的语言或轻松的场景设计，巧妙委婉地宣传产品的特性，这种形式的视频类广告主要是让观众在愉快的氛围里接收产品的信息，并且记忆较深刻。幽默型的视频广告在表达时要注意语言应该是健康的、愉悦的和含蓄的，切忌使用粗俗的、油滑的俏皮话和生硬的、与产品不合的场景来诉求信息。一段优秀的幽默型视频广告往往能被人们竞相传看，要创造诙谐风趣就一定要具有敏锐的洞察力，了解现代消费者的生活圈、社交圈的变化和消费观念的变化。如欧莱雅男士洗发露视频广告，展现头屑满肩时，拍打身休后的幽默动态与结果，给人以瞬间的特别记忆（图5-32）。

3. 代言型创作方式

代言型的视频广告是当今最为普遍的一种广告形式。通过在社会上有影响力的人或物推销产品，带动其"粉丝"来消费。许多商家都愿意花大价钱赞助体育团队或邀请体育明星来为自己的产品进行宣传，是因为消费者基于爱屋及乌的心理而喜爱明星所推荐的产品。各品

图5-30 电视商业广告 / 好欢螺螺蛳粉

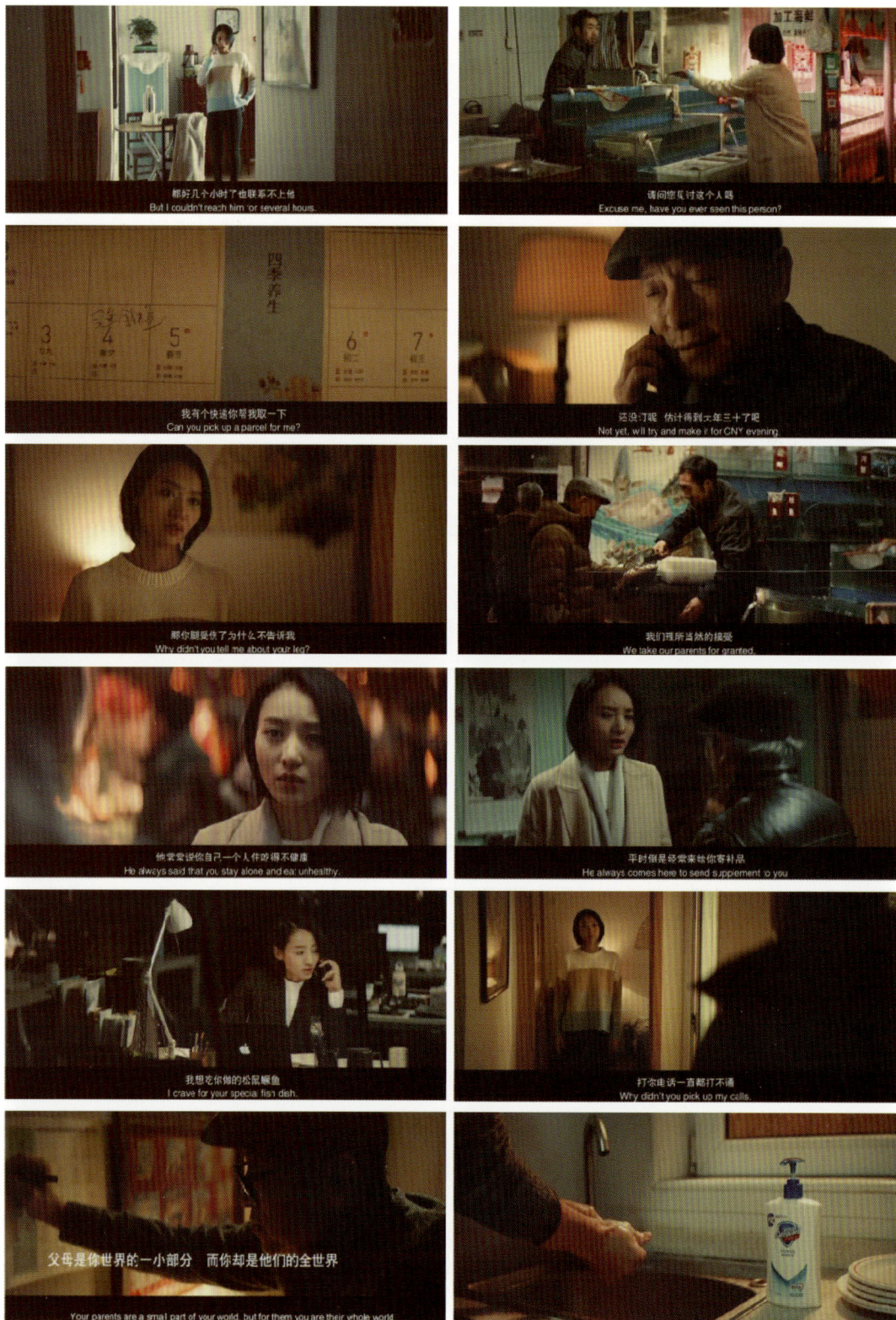

图5-31 《常回家看看》/ 舒肤佳视频广告

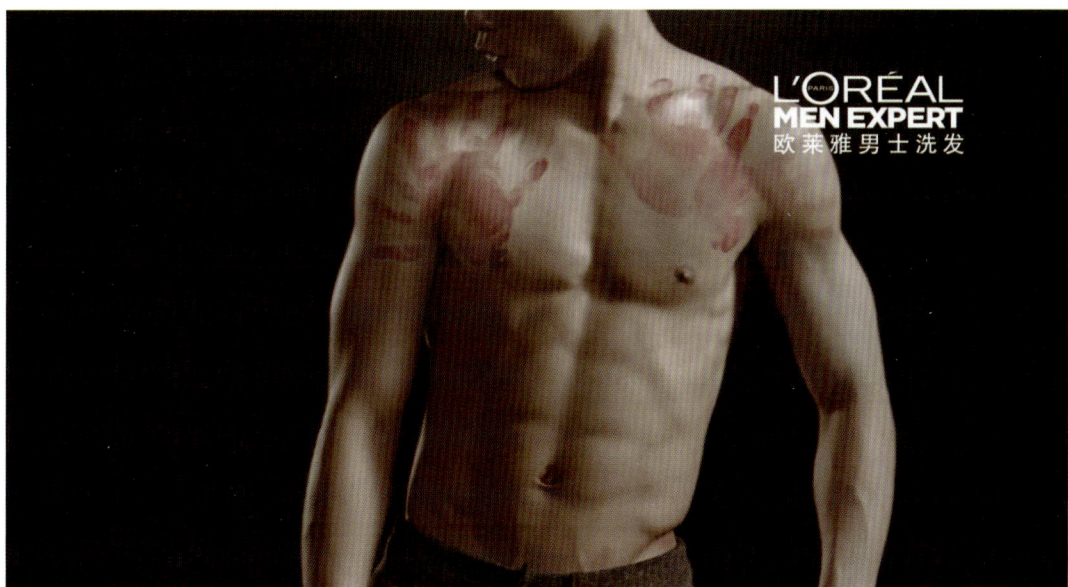

图5-32　《头屑满身？尽情拍吧……》/欧莱雅男士洗发露视频广告

牌邀请苏炳添为品牌代言（图5-33），希望消费者可以更多的接受体育作为一种生活方式，让消费者敢于在体育运动中实现自我价值的增长，与品牌以及中国运动健儿产生共鸣。

成功的代言型视频广告可以直接或间接地使消费者对广告品牌产品的偏好及购买意愿有效增加。但是很多时候，代言人在不了解产品的情况下为了广告费帮商家宣传，导致"粉丝"盲目跟风的乱象时有发生。因此，选择代言人来推荐产品应评估其道德品质，客观看待代言人的流量和"粉丝"的热情。

除了以上几种形式之外，电视广告还有很多其他形式，比如示范型、说教型等。无论是什么创作形式的视频广告都要"以诚待人"，以中华民族优秀的文化为创作根基，制作出既有经济效益又具备社会文化价值的广告。

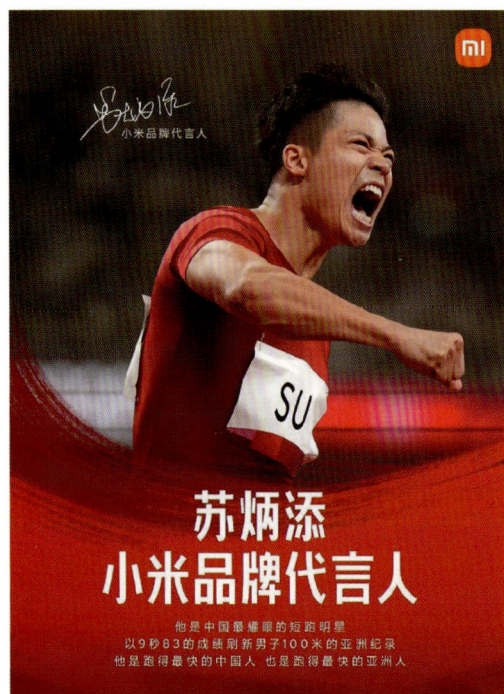

图5-33 代言型视频广告

（二）印刷媒体类广告设计

在新媒体快速发展的当下，印刷媒体的发展受到很大冲击，但传统的报纸、杂志媒体的广告投入并未减弱，这类纸质媒体因读者稳定、专业性强、制作简便、费用较低，仍然是广告宣传的主要媒体，且对于告知性广告、新品上市广告有其独特的优势。

纸质广告因版面刊载位置、画幅大小而产生不同的视觉效果，因此，报纸广告要达到好的广告效果，必须重视广告设计的形式和内容，选择与广告目标受众相匹配的报纸、杂志。在形式上根据广告的刊载位置、画幅大小、文案多寡等客观因素进行有针对性的图文设计与排版；在内容方面强调情感的代入和利益的诉求，引导消费者积极响应和行动（图5-34、图5-35）。

图5-34　报纸广告

图5-35　杂志广告

（三）户外媒体类广告设计

　　户外广告是在建筑物外表或街道、广场等室外公共场所设立的霓虹灯、广告牌、海报等。户外广告是面向所有的公众，在固定的地点长时期地展示广告信息，因而是非常有效的广告宣传媒体。随着人们旅游和休闲活动的增多，以及文明城市建设的快速发展，户外广告位置资源有限，其绝佳的地理位置、超大的广告尺寸、广泛的视觉影响力被奉为户外广告制胜的关键，其增长速度大大高于传统电视、报纸和杂志媒体，依然是广大消费者接收广告信息的主要来源。

　　在科学技术迅猛发展的现代社会，户外广告也引用了不少新材料、新技术、新设备。媒体类型丰富，表现形式多样，早已突破了形式单一的店招式广告牌类型，出现了更多的新型户外媒体：公交广告、候车亭广告、地铁站广告、电梯广告、高立柱广告、三面翻广告、墙体广告、楼顶广告、霓虹灯广告、LED显示屏广告等（图5-36～图5-39）。

（四）线上媒体类广告设计

　　伴随着互联网普及推广，智能终端媒体的"全民覆盖"，线上媒体已成为当今广告宣传不可或缺的重要形式，因其具有实时交互性、

图5-36　公交广告与候车亭广告

图5-37　公交广告与候车亭广告

图5-38 户外广告牌

图5-39 地铁站广告

无时间地域限制、传播范围极大、受众数量可准确统计、可重复性、易检索性等特点得到广泛运用（图5-40）。

图5-40 线上媒体类广告

　　线上的每个交互都可以成为重要的广告信息提供者，取得不亚于传统新闻媒介的地位。线上媒体广告形式有很多种，线上媒体做广告推广可采用以下几种方式。

1. 官网推广

　　无论企业大小，都应搭建一个官网，官网是线上媒体最基本的方式，代表着权威和正规。可充分运用竞价推广、信息流、搜索引擎优化（SEO）等官网推广方式，通过付费点击使消费者点击关键词进入官网，利用大数据信息流精准筛选目标消费者进行推广（图5-41）。

2. 软文推广

　　软文推广是目前互联网较为流行的推广方式，不仅可以用来进行品牌推广，也可以用来进行品牌公关。软文在某种程度上是可以体现出品牌的优势和价值的。通过内容的分发，发送至各大媒体平台及论坛，使用户产生讨论，认识品牌，达到推广的目的。例如招商银行"红"系列APP推广就是典型的线上软文广告（图5-42）。

3. 搜索引擎口碑推广

　　网络传播融合了已有的传播形式，打破了传统媒体的时空分割，传统口碑也就由此演进为网络口碑，口碑推广也就升级为网络口碑推广。网络口碑对品牌、产品或服务的相关信息内容大多可以通过搜索引擎检索获取。因为搜索引擎收录网页比较多，基本上可以反映全世界或某语种相关网页的信息发布情况，以及用户对网络信息利用的情况（如浏览量、重要性排序等），这些都为网络口碑推广提供了新途径。因此，搜索引擎的检索结果既是网络口碑的表现，也是形成网络口碑的重要因素。

　　例如百度的百度百科、百度知道、百度文库等。百度百科的建设难度大，审核比较严，但威信力强，百度知道、百度文库要做高质量的内容回答。

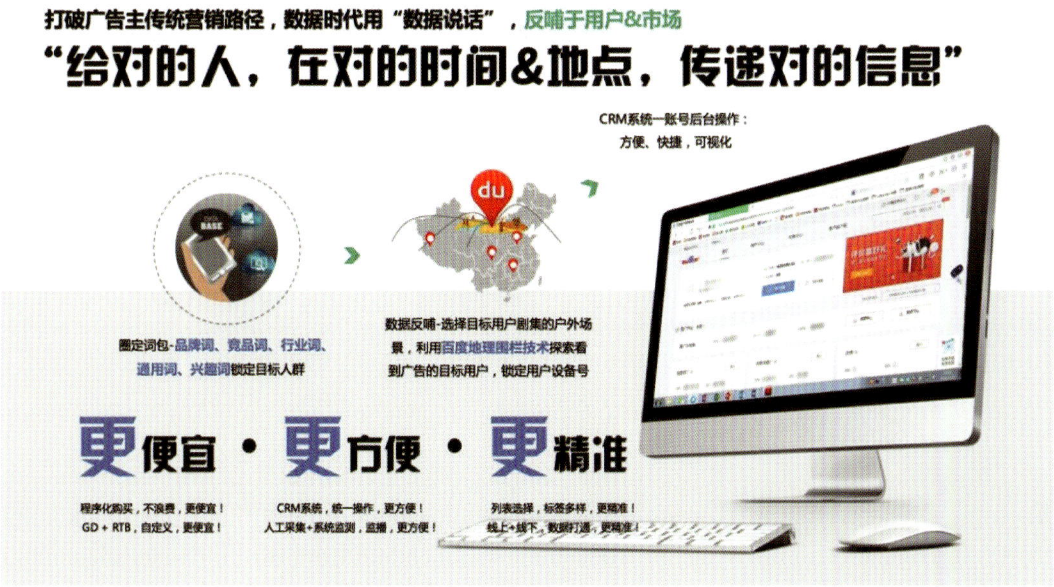

图5-41　官网推广 / 给对的人，在对的时间&地点，传递对的信息

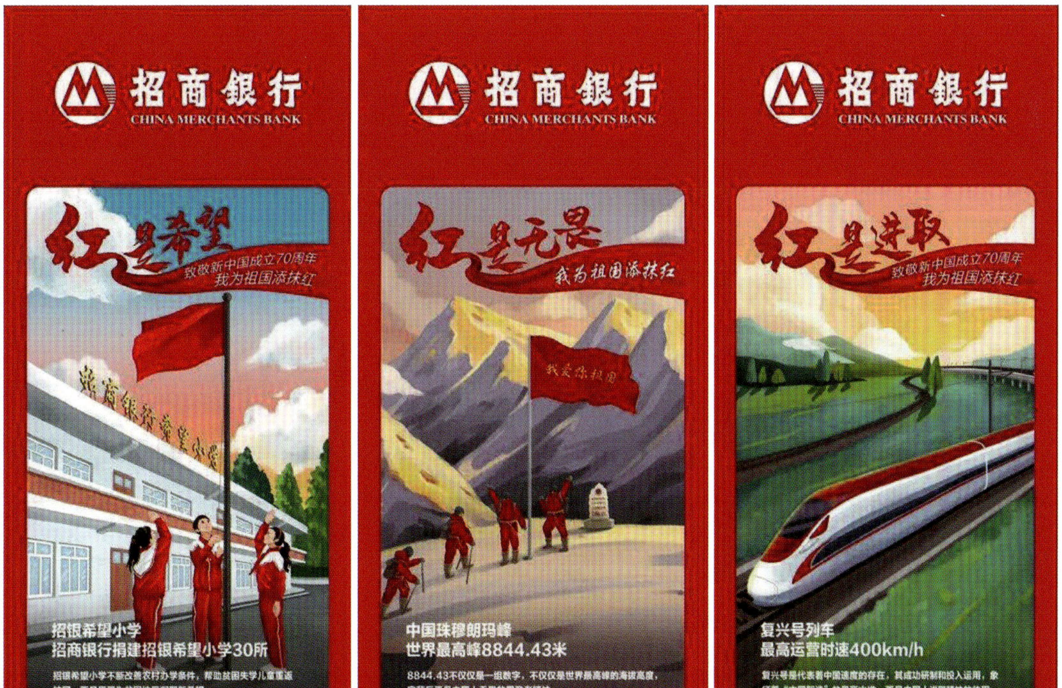

图5-42　APP推广 / “红”系列 / 招商银行

4. 自媒体推广

利用自媒体、微信、社群APP推广能依靠平台的算法进行客户精准内容推送，运用这些方法的前提是要有一定的流量沉淀，并且要培养用户的忠诚度，只要有一定量级的忠诚用户，裂变和社群的推广就会轻而易举（图5-43）。

综上所述，商业广告设计的表现形式虽然复杂多变，但它所表现出来的共性有以下几点：首先，要弄清楚为什么要做商业广告，要有明确的目的性；其次要明确所做出的商业广告做给谁看，也就是定位要准确；再次，广告主题的表达要有创新的设计思维、与众不同的视觉表现，能在消费者的头脑中留下深刻的印象；最后，商业广告设计要紧跟传播方式更新而更新表现方式，起到精准传播、引领消费的作用。

五、拓展资源

中国二十四传统节气创意海报设计
创意执行：ZZWORKSHOP郑中团体
案例网址：https://www.sohu.com/a/353358295_488474

二十四节气是上古农耕文明的产物，它是上古先民顺应农时，通过观察天体运行，认知一岁中时令、气候、物候等变化规律所形成的知识体系。二十四节气最初是依据斗转星移制定，北斗七星循环旋转，斗柄顺时针旋转一圈为一周期，谓之一"岁"。一"岁"含四时，春、夏、秋、冬各三个月，每月两个节气，每个节气均有其独特的含义。二十四节气准确地反映了自然节律变化，在人们日常生活中发挥了极为重要的作用。它不仅是指导农耕生产的时节体系，更是包含有丰富民俗事象的民俗系统，蕴含着悠久的文化内涵和历史积淀，是中

图5-43 自媒体推广

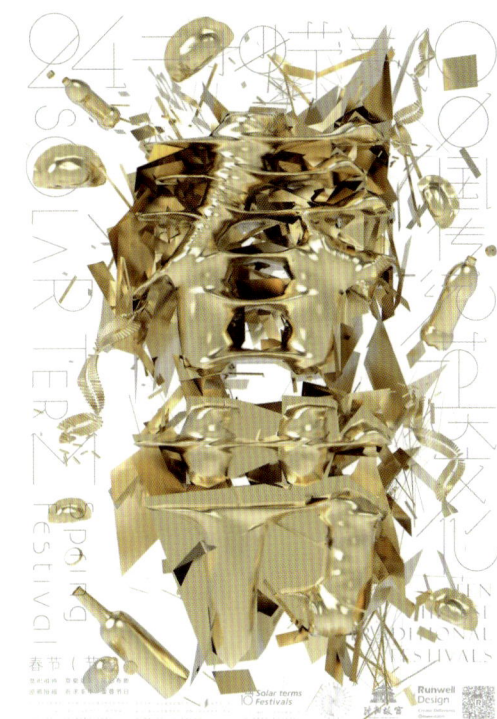

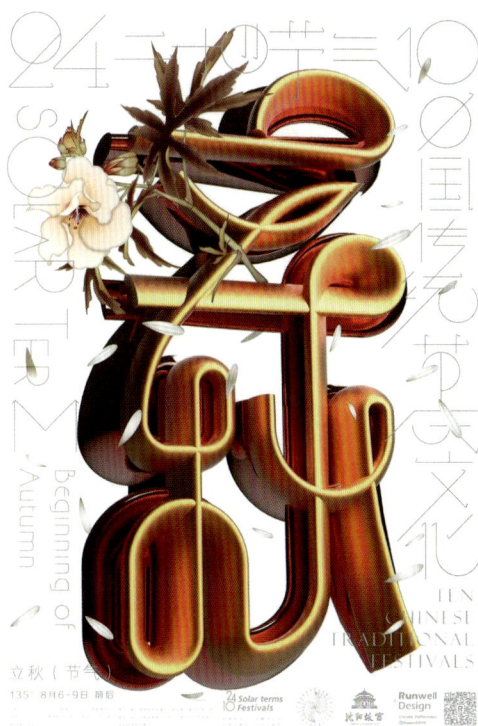

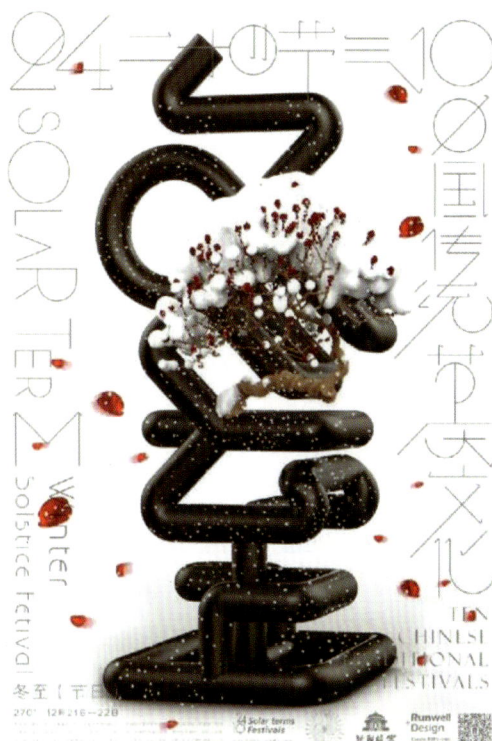

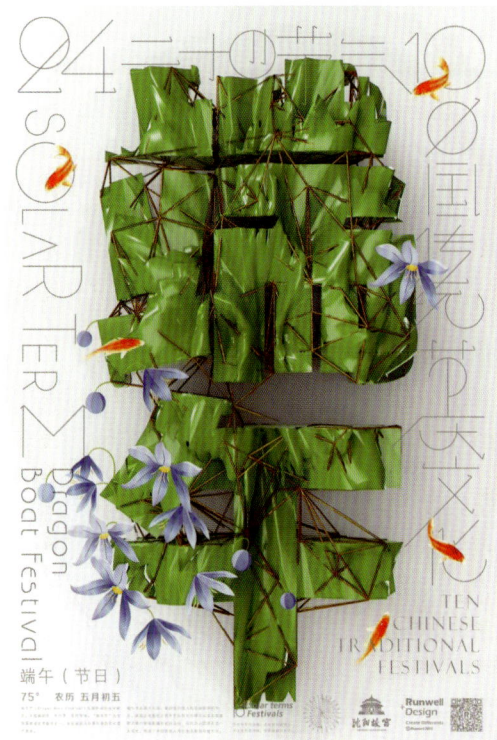

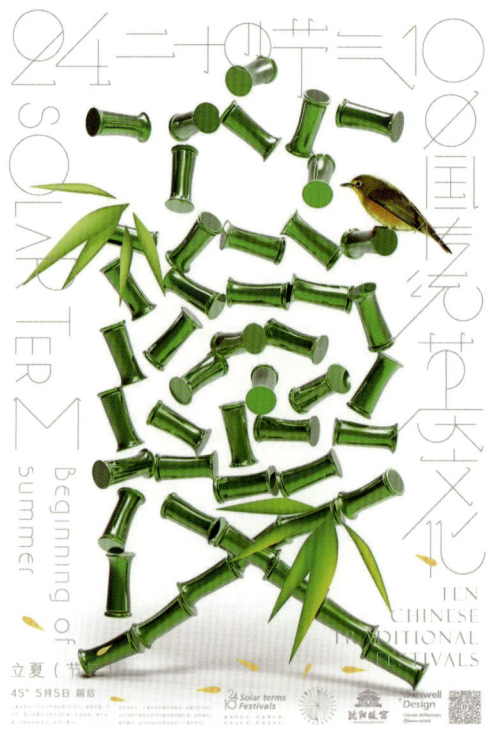

华民族悠久历史文化的重要组成部分。

现行的二十四节气是依据太阳在回归黄道上的位置制定，即把太阳周年运动轨迹划分为24等份，每15°为1等份，每1等份为一个节气，始于立春，终于大寒。经历史发展，农历吸收了干支历的节气成分作为历法补充，并通过"置闰法"调整使其符合回归年，形成阴阳合历，二十四节气也就成了农历的一个重要部分。在国际气象界，二十四节气被誉为"中国的第五大发明"。2016年11月30日，二十四节气被正式列入联合国教育、科学及文化组织人类非物质文化遗产代表作名录。

二十四节气，是历法中表示自然节律变化以及确立"十二月建"的特定节令。由立春、雨水、惊蛰、春分、清明、谷雨、立夏、小满、芒种、夏至、小暑、大暑、立秋、处暑、白露、秋分、寒露、霜降、立冬、小雪、大雪、冬至、小寒、大寒等节气组成。二十四节气科学地揭示了天文气象变化的规律，它将天文、农事、物候和民俗巧妙结合，衍生了大量与之相关的岁时节令文化与民俗文化。

二十四节气蕴含着效法自然、顺应自然、利用自然的观念，天人合一的智慧，以及中国人对宇宙、自然的独特认识。我们要进行熟悉了解、认真研究，传承、延续几百乃至上千年

的一些民俗文化事象，积极挖掘符合时代的内容，使其随时代而行，与时代同频共振。

六、课后实施

小组专题研讨：收集当年全国大学生广告设计大赛某一广告命题项目的设计任务，结合广告策略单进行项目设计分析，形成1~3幅广告设计作品。

【网络资源推荐】

微知库：http://csmz.36ve.com/

中国大学MOOC（慕课）：https://www.icourse163.org/

智慧职教：https://vocational.smartedu.cn/

【学习书籍推荐】

[1] 李金蓉.《广告设计与创意（第2版）》，清华大学出版社，2022.08.

[2] 陈根.《广告设计从入门到精通》，化学工业出版社，2018.05.

[3] 吴向阳.《平面广告设计》，清华大学出版社，2022.05.

[4] 周彬.《平面广告设计与制作》，清华大学出版社，2018.12.

拓展资源：商业广告、公益广告的相关知识。

模块六

广告设计评估与提升

MODULE SIX
ADVERTISEMENT
DESIGN EVALUATION
AND PROMOTION

课程导学 ///
加强广告理念学习。

课程思政元素 ///
广告人像其他一切职业一样，是通过做广告体现自己
的人生价值。

岗位任务 ///
见多识广，勤学博采是一个广告人的基本功。

模块六　广告设计评估与提升

一、模块导学

（一）课前导学

广告设计是一门沟通的艺术，表现形式是多样的，可平面印刷也可立体呈现，可绘画涂鸦也可视频制作，不一而足。当开始一次广告活动时，既不能忽略前期的市场调研、品牌定位、目标和对象分析，也不能轻视广告战略的制定和广告创意、设计、制作环节，更需要紧跟广告媒体的发展步伐进行有效的广告设计的自我评估。我们必须加强广告理论学习，横向观察、立体思考，多层次地去把握，才能有效提升自己的专业素质。

（二）课程思政元素

广告人像其他一切职业一样，是通过做广告体现自己的人生价值。广告是知识密集、技术密集、人才密集产业，广告文化是民族文化的一种文化存在形式，在文化发展历程中，有不可磨灭的作用，也是中国文化对外输出的一种有效途径。所以，无论在哪，做广告都是以文化传承发展为己任，丰富知识阅历，敬业守道，正确把握自己的职责，以国家相关广告法规等为指导，兼顾文化创意活动的自身特性进行创意设计，尊重消费者的认知与心理，具备创新意识，"决不做不想让家人看的广告"。广告创作应放弃追求"广告好"，而将重心放在塑造"产品好"上面。"产品好"会给企业带来销售市场，最终这个"产品好"的广告才是真正的"好广告"作品。

（三）广告岗位任务

见多识广、勤学博采是一个广告人的基本

功。广告人要涉猎很广，需要掌握的专业基础知识有：广告学、心理学、传媒学、市场营销学、美学、平面设计、广告策划、摄影、公共关系、电视广告制作、电视传播理论与实务等。对新鲜事物的发现、洞察以及习惯性的敏感，都是大多数广告人常常不经意流露的共同点。

广告公司的职位分工大致有创意总监、广告文案、美术指导、创意设计、电脑制作、客户业务、媒介拓展等，在公司内部除了各司其职外，还要求职员有相互配合的能力。

创意总监（CreativeDirector-CD）：能有效激发鼓励创意组员成为亮眼的发光体，再将创意的光芒反射后发扬光大成为大创意，具备策略的思考与分析能力，对广告的运作过程了如指掌，并且要有很强的领导能力；

广告文案（CopyWriter-CW）：需要有很好的文字功底，灵活而相对严谨的逻辑思维，主要是负责广告中的文字撰写和文字创意工作，包括标题、正文、口号的撰写和对广告形象的选择搭配；

美术指导（ArtDirector-AD）：负责项目中任何与设计美感及美学有关的工作范畴；

创意设计（Designer）：能利用绘画或其他视觉传达方式来设计制作符合主题的作品，具备良好的审美和沟通能力；

电脑制作（Computer production）：要求能熟练操作各类平面设计软件；

客户业务（Customer business）：要求有良好的沟通和表达能力，有吃苦的精神；

媒介拓展（Media expansion）：要和各

个媒体打交道，要求有良好的统筹规划和公关能力。

无论哪个职位，都要求从业者有很好的形象思维能力，有很强的主动学习和自我提高意识，并能适应"精益求精"的工作方式。

二、广告作品的评价标准

有人会质疑：广告的类别多种多样，有影视广告、平面广告、网络广告、报纸广告，还有公益广告、商业广告，有户外广告、杂志广告等。每一类别的广告的评价标准肯定是不一样的，而且同样类别、不同媒介形式的评论标准也不一样，怎么能用一种标准来评价广告呢？

但是，广告作为大众传播的宣传活动，肯定有其目标指向性的，其预期的广告目标、效果就能成为其评价的标准，比如，此广告是否被受众所识别并产生记忆；是否让受众知道你想传达的信息；是否对商品的销售产生推动作用；是否能准确地激发人们内心情感，是否符合社会经济发展的良性竞争；等等。

因此，广告的市场效应、社会的整体反馈可作为统一的对广告的评价标准。常规我们可以从以下四个方面来评价广告。

（一）广告的销售力

广告在本质上是商业行为，好的广告作品必须具有较强的销售力，所以，广告必须首先立足于品牌销售来进行广告创作。一幅广告可以没有文案，没有声音，却不能没有品牌销售主张和销售力。

广告要有销售力，必须要有差异化的品牌销售主张、销售观念，最大化地告知消费者购买此商品的利益，简单就是有效。促其"因利

而动"——因为有利益可得而产生购买行动。如脑白金作为健康礼品，它的销售主张是"年轻态，健康品"，表达了"送礼送健康"的心理暗示（图6-1）。立白洗洁精的销售主张是"不伤手"，直接告知消费者购买此商品的利益是洗碗、洗菜时"不伤手"，满足了消费者的自我保护意识（图6-2）。

图6-1　脑白金／年轻态　　健康品

图6-2　立白洗洁精／不伤手的洗洁精

（二）广告的传播力

"物美价廉"是消费者最基本的消费观念。广告不要试图去改变消费者的固有消费思维，能满足大多数消费人群的认知需求或者说情感诉求是至关重要的。因此，广告不能仅停留于媒介宣传的广度与热度，更应该关注广告信息传播的穿透力和影响力。从广告信息传播的细节入手，运用贴近消费者的新媒体，提炼消费新时尚、新风尚、新观念，强化广告信息传播的互动、趣味，撩拨消费者的消费欲望，才能有效提升广告信息传播的效力。如图6-3，别让垃圾成为冰川的公益广告，文案诉求新鲜，画面比例夸张，视效新颖独特，符合逻辑，有效地强化了广告信息传播的影响力。

（三）广告的可感性

广告是理性诉求与感性诉求的结合体，理性诉求通过产品特点描述功能，感性诉求通过故事展开来烘托情感。广告中感性图形元素通过象征性的表达可弥补文字的局限性，将人们的想象力在图形元素的展现中实现具体"可感知"形象，不仅能准确地传递信息，更能直观地激发人们内心情感，提升消费购买行为的可能。

广告的可感性就是广告信息细节的艺术处理。需要突破常规，精简广告的表现要素，应用"感同身受"呼唤消费认同，达到广告的可读性、可感性。

如雪佛兰汽车广告，把皱褶的纸作为画面背景，就如同高低起伏的山峦，一只"雪佛兰"雄鹰在奋力向上飞翔，寓意人生道路的起伏不定，但还要努力前行，暗合消费者"我与你一样"的心理认同。这种视觉焦点的可读性、可感性巧妙结合商品的价值，商

图6-3　别让垃圾成为冰川公益广告

图6-4　雪佛兰汽车广告

品的核心诉求观念得到完美诠释，不仅展现了广告的艺术魅力，而且"感同身受"地影响了消费者对生活的感悟，是典型的"有感觉"的广告（图6-4）。

（四）广告的社会可容性

对于一个企业来说，一个具有知名度与良好声誉的品牌是决定企业能在市场中生存和能更好生存的关键因素。广告是提升商品市场竞争力不可缺少的武器，但广告在为商品争取市场扩张时，应遵守相关广告法规和职业操守，不能为保持盈利而脱离产品实际价值，夸大产品的功效；不能为突出自己的优势而贬低、损害竞争对手的产品，这样的广告属于恶性竞争的广告。

广告更是消费需求的放大器，是销售观念的竞争艺术。企业通过针对性的广告宣传，期

望在市场中建立竞争优势，提高企业和产品的"名声"是无可厚非的，同质化产品之间的竞争也是正常的，良性的市场竞争更是消费者愿意看到的，广告中适度的视觉图形有效表现，消费者是能理解的。

我们来比较一下可口可乐与百事可乐的广告。我们知道，两个品牌是相互竞争的对手，但它们的广告既有相类似的广告元素，又呈现出不同的广告诉求，既携手共创市场需求，又共同引导消费者对碳酸饮料的认同，它们既包容又相互竞争，让消费者真切感受到它们各自不同的价值，也很好地展现了广告的社会可容性（图6-5）。

总而言之，广告的评价不是单方面的，不能因追求销售力而忽略广告的艺术魅力，也不能为传播力而不计成本地"狂轰滥炸"，而是

图6-5　可口可乐与百事可乐广告

需要从广告的市场效应、社会的整体反馈去客观评价。

三、广告案例赏析

广告是一种商业行为,最终目的在于彰显产品的独特形象、提升市场竞争力、促成商业利益的最大化。一则成功的广告不仅要经历市场调研、项目策划、主题设定、创意开发、艺术表现等过程,还需设计团队的协同创新和精益求精的表现力才能实现。下面列举几个视觉直观、通俗易懂、趣味性强的优秀案例,以拓展我们的创意思维和视觉表现技能。

案例一:

创意+艺术:"衣服的真相"地铁艺术展

广告产品:滴露

广告主:利洁时家化(中国)有限公司

广告代理:上海天与空案例网址:https://www.digitaling.com/projects/68403.html

背景与目标

在中国消费市场,洗衣液的市场渗透率为85%,除菌液的市场渗透率连5%都不到,将近17倍的差距,可见我们对衣物除菌的意识不强。

英国专业除菌品牌滴露,希望启发中国人的衣物除菌意识,在洗衣服的时候,多加一步滴露杀菌,打开中国的消费市场,提升滴露衣物除菌液的知名度和渗透率。

洞察与策略

通过警钟性教育,让消费者意识到消毒除菌的重要性。以艺术的形式,让衣服上的细菌可视化,一改传统警示教育让人厌恶的形象。

创意阐述

在三件表面看起来干净的衣服上"雕刻"出汉字,远远看去像是衣服被细菌侵蚀了一样。把看不见的细菌可视化,警醒人们:没有杀菌的衣服只洗了一半。

字幕:

男士衬衫:"没有杀菌,你的衣服只洗了一半。"

小孩连衣裙:"别让细菌成为孩子的第一个朋友。"

女士半裙:"别让你喜欢的衣服沾满你不喜欢的细菌。"

同时将衣服放在北京人流量最大的国贸地铁站展出，这里也是衣服最容易接触到细菌的地方之一，以直观的视觉，让消费者意识到洗衣除菌的必要性。

执行实施

2019年5月，上海天与空为专业除菌品牌滴露打造了一场"衣服的真相"地铁艺术展，以艺术的形式，展现出衣服上的细菌。

以衣服为纸，以细菌为字，制作了三件特殊工艺的服装（立体的、可展示的艺术作品），分别为男士衬衣、小孩连衣裙和女士半裙。以文字笔画连接的字句都是精心刻画出来

的，像被放大的布料纤维纹理，把需要传达的文字信息穿插在布料纤维纹理中，字字句句发人深省，精致的细节让人过目不忘。远看衣服的半边好像是被细菌"侵蚀"了，这一现象顿时引来无数路人围观。以此来提醒人们：看似干净的衣服，其实隐藏着很多细菌。

在北京国贸地铁站，以"衣服的真相"为主题进行专题艺术展，通过橱窗和场景布置在地铁站的人流通道展出，让消费者意识到"衣物除菌的必要性"的体验更加深刻。通道的两侧还放置着16句布艺雕刻的文案，一句句文案雕刻在纺织品上。

从树叶到衣服

开始诞生了人类的文明

人类的洗衣服历史也拉开序幕

对于杀菌

妈妈的妈妈传下来的一代又一代手艺

从阳光直晒到开水烫

人类对自我的保护走过了几千万年

直到上个世纪人们才发现

没有经过专业除菌，衣服上的细菌是杀不死的

洁净如新，不代表洁净无菌

只有消灭掉那些藏在衣物纤维里的小小细菌

才是这个时代

给自己和家人的贴心的保护

洗衣服多一步

衣物除菌用滴露

英国皇室御用品牌

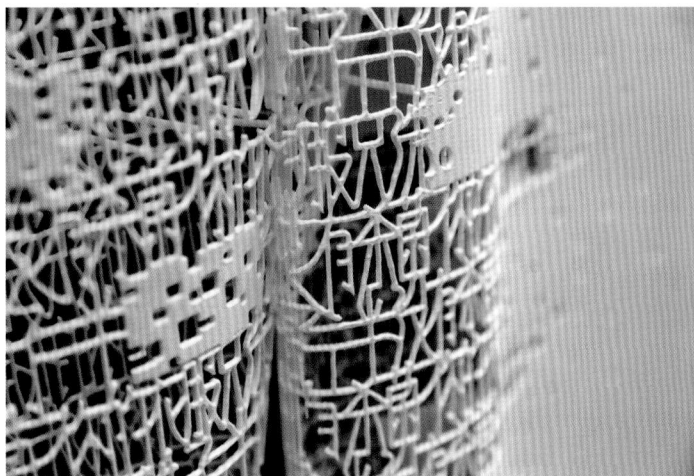
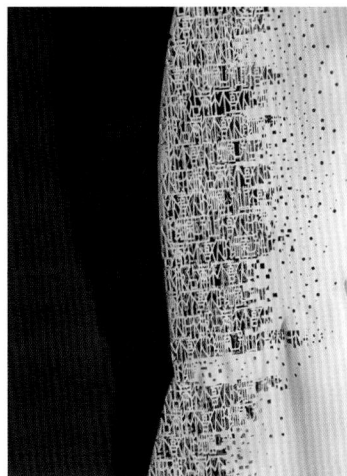

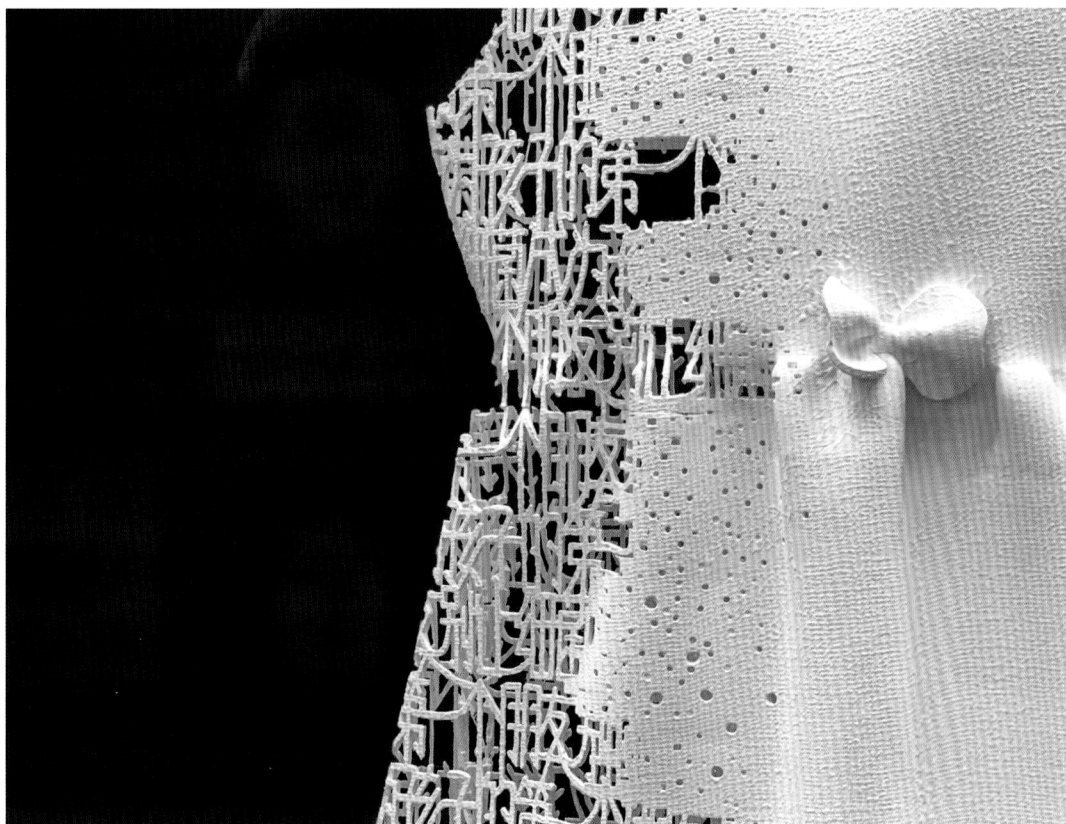

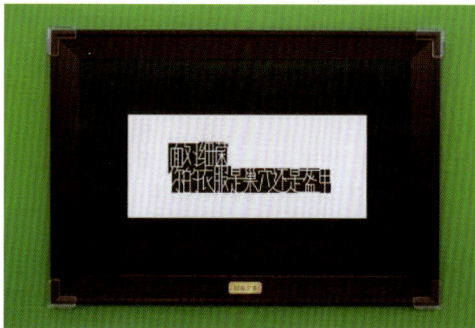

案例1-1　面对细菌 你的衣服是巢穴还是盔甲

案例1-2　别让一份纤维成为细菌的庇护所

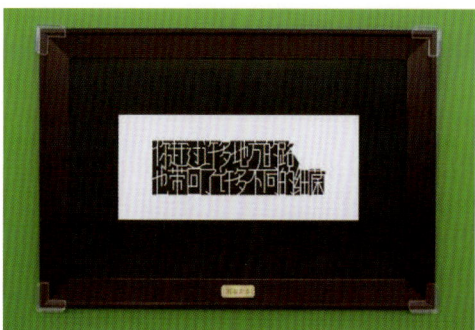

案例1-3　你赶过许多地方的路 也带回了许多不同的细菌

案例1-4　你爱新衣服 细菌也爱

案例1-5　妈妈的新话题 洗衣要除菌

案例1-6　干净的衣服 不代表没有细菌的占领

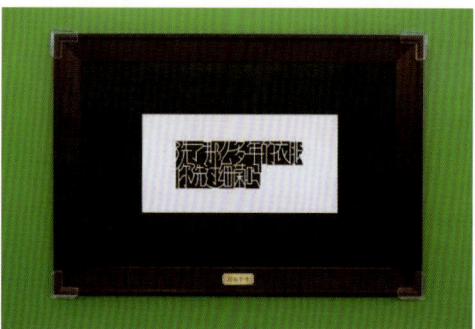

案例1-7　洗了那么多年的衣服 你洗过细菌吗

案例1-8　去渍是为了面子 除菌是为了里子

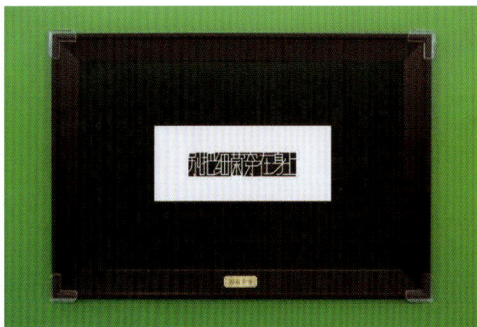

案例1-9　别把细菌穿在身上

案例1-10　陪你走南闯北的除了你的衣物　还有上面的细菌

案例1-11　为了有效除菌　滴露研究了85年

案例1-12　宝宝衣服上的细菌　有可能来自于家里的狗狗

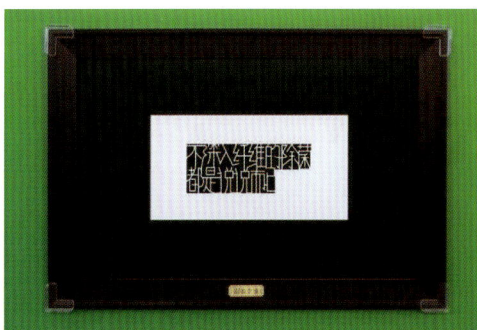

案例1-13　不深入纤维的除菌　都是说说而已

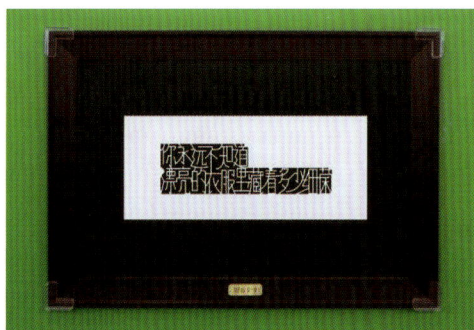

案例1-14　你永远不知道　漂亮的衣服里藏着多少细菌

案例1-15　洗手要除菌　洗衣服也是

案例1-16　衣服洗净了表面　细菌却仍藏在里面

通过打造一场别致的地铁艺术展，来向大众传递洗衣过程中去污不等于除菌的观念，同步提出"洗衣服、多一步"的指令口号，从除菌意识普及到产品教育，来建立大众对滴露衣物除菌液的使用意识。

通过强化除菌理念，引起消费者对衣物除菌的需求关注，让消费者意识到没有经过专业除菌的衣物有多可怕，只有消灭藏在衣服纤维里的细菌，才能给全家人健康的保护。这一艺术展在改变消费者的使用习惯的同时，提高了品牌认知度，进而抢占了目标消费群体的市场。

结果与影响

艺术展一上线就引发路人纷纷围观，《北京日报》、国际在线新闻、北京新闻网、环球网等超过160家新闻媒体争相报道。

在微博、微信等社交媒体上，得到了许多官微大号的发文助推，总阅读数达735万+，引发网友热议。

地铁艺术展所在的北京地区，销售终端同比增长70%。滴露一举引起大众的关注和重视，"洗衣除菌"的概念深入人心，从除菌意识普及到产品教育，直接带动了产品销售。

案例二：

创意+社会人文："不理解万岁"巡演活动

广告产品：脱口秀演员周奇墨

广告主：笑果文化

广告代理：笑果文化

案例网址：https://baijiahao.baidu.com/

项目背景

笑果文化旗下脱口秀演员周奇墨将开办名为"不理解万岁"的个人专场全国巡演活动，在北京站开场前，笑果文化打出一波户外广告，以段子口吻吐槽生活、职场中的各种"不理解"情况，并在微博发起"不理解万岁"话题（不理解老板、不理解微信好友、不理解职场、不理解双十一），邀请受众把它们记录下来。

创意阐述

将"不理解"话题的文案作为视觉表现

明明我不想上班，他却总用
「你不用来上班了」威胁我。

永远不关心我说了什么，
只关心我撤回了什么。

女朋友说双十一活动的规则不复杂，
她来采购，我来付款，就这么简单。

没有字幕我看不懂英文电影，
但是有字幕的时候我可以挑错。

自己过得多惨不在乎，
一定要让人知道我爱豆的辛苦。

锅最多的地方不是厨具市场，
而是职场。

买回来以后，
除了空气，就没有炸过别的。

我的时间，非常值钱。
但都被老板按批发价采购了。

明明想通过游戏逃避现实，
却总要求游戏逼真。

为什么怎么吃都吃不胖，
而且还会变得修长。

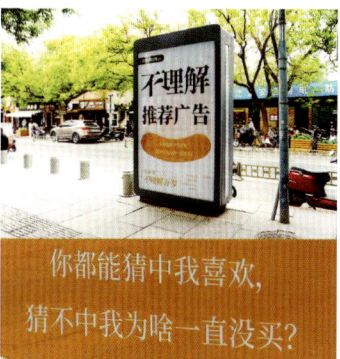

你都能猜中我喜欢，
猜不中我为啥一直没买？

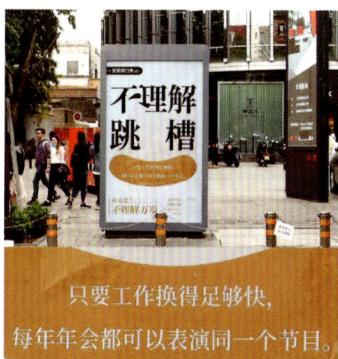

只要工作换得足够快，
每年年会都可以表演同一个节目。

主体，以户外广告形式，放在人流量大的北京三里屯的街头，吸引消费者到现场观看演出活动。

其实，每个段子的背后都藏着深刻的洞察。笑果文化用段子做文案，吐槽生活、职场中的各种"不理解"情况，看似玩笑，却真实地反映出当下年轻人的生活现状。

同时，笑果文化也为大家提供了一个新的视角。生活中总是有那么多无法理解的事，也总有那么多人不理解自己。既然如此，不如换个角度看待问题，也换个角度看待他人，至少可以与自己和解。

执行实施

一段好文案本身就是一份好的广告策划书。

案例三：

文案+城市人文："惠游武汉·打卡一夏"

广告产品：2022武汉文旅消费季

广告主：武汉市文化和旅游局

广告代理：九头鸟文旅创意案例

案例网址：https://zgooh.zhaoguang.com/

盛夏时节，武汉市文化和旅游局推出35张海报，邀请大家来武汉过夏天。

海报将当地众多地标性建筑与景点囊括其中，江城夏天独特的人文风物也被捕捉了下来。除了有大众熟知的武汉长江大桥、黄鹤楼之外，还有众多夏日"小确幸"——路边十块钱三把的栀子花、大口喝的酸梅汤、夜宵摊上的烤筋子冰啤酒……武汉的夏天，过瘾！

这也是"惠游武汉·打卡一夏"——2022武汉文旅消费季的配合宣传内容。

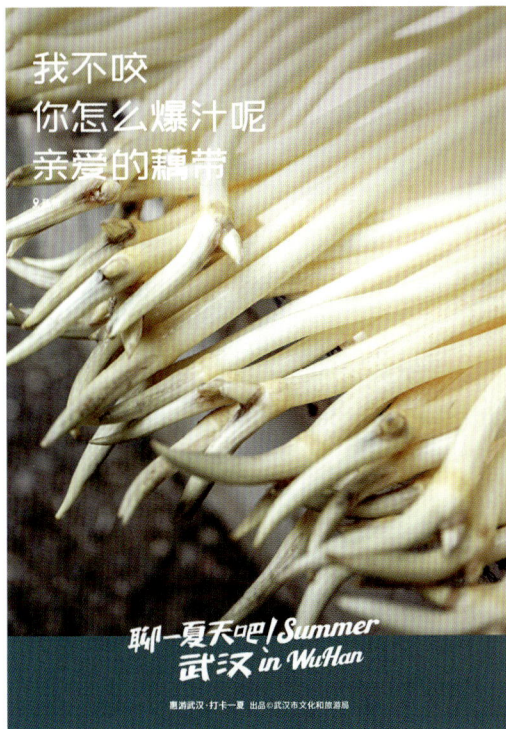

我不咬
你怎么爆汁呢
亲爱的藕带

聊一夏天吧 / Summer
武汉 in WuHan

惠游武汉·打卡一夏　出品©武汉市文化和旅游局

从前武汉夏天的风
哪里来的？
爸妈扇子扇的

夏天的风

聊一夏天吧 / Summer
武汉 in WuHan

惠游武汉·打卡一夏　出品©武汉市文化和旅游局

酸梅汤
大口喝
吸管吸不出来那个味

酸梅汤

聊一夏天吧 / Summer
武汉 in WuHan

惠游武汉·打卡一夏　出品©武汉市文化和旅游局

路边栀子花十块钱三把
汽水瓶子插一把
衣服扣眼别一把
还有一把送给妈

栀子花

聊一夏天吧 / Summer
武汉 in WuHan

惠游武汉·打卡一夏　出品©武汉市文化和旅游局

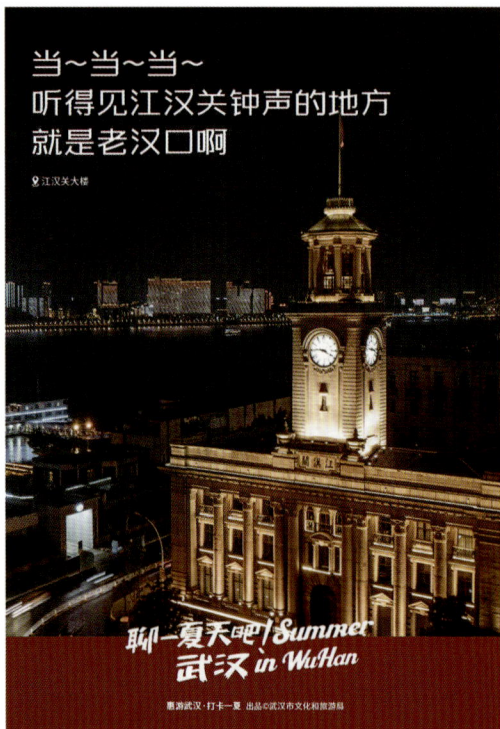

当~当~当~
听得见江汉关钟声的地方
就是老汉口啊

江汉关大楼

聊一夏天吧!Summer
武汉 in WuHan

惠游武汉·打卡一夏 出品©武汉市文化和旅游局

再焦虑的人
晚上来一元路就不急了
总归是要玩到天亮的

一元路

聊一夏天吧!Summer
武汉 in WuHan

惠游武汉·打卡一夏 出品©武汉市文化和旅游局

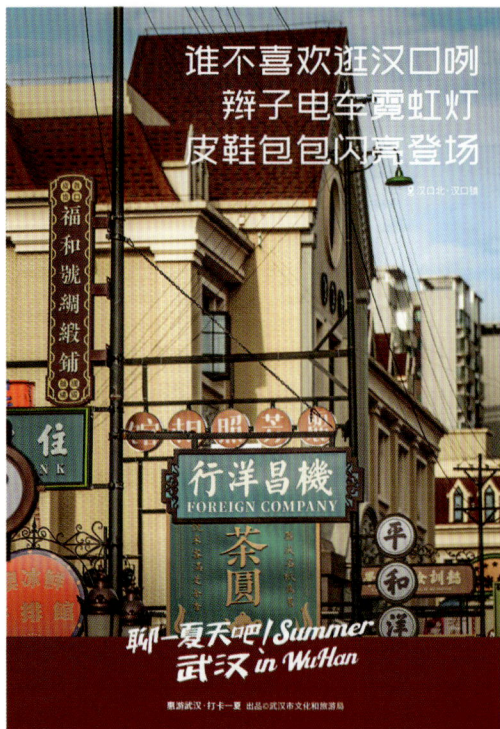

谁不喜欢逛汉口咧
辫子电车霓虹灯
皮鞋包包闪亮登场

汉口北|汉口镇

聊一夏天吧!Summer
武汉 in WuHan

惠游武汉·打卡一夏 出品©武汉市文化和旅游局

本来以为
虫鸣和晚风已是所有赠品
一抬头又看到了满天星星

锦里沟景区

聊一夏天吧!Summer
武汉 in WuHan

惠游武汉·打卡一夏 出品©武汉市文化和旅游局

凤舞九天你们上
我看你们哇哇叫
就很开心了
武汉欢乐谷

聊一夏天吧 / Summer
武汉 in WuHan
惠游武汉·打卡一夏 出品©武汉市文化和旅游局

企鹅在冰上玩得欢
怎么没人告诉我
武汉的夏天也冻得噻啊
武汉海昌极地海洋公园

聊一夏天吧 / Summer
武汉 in WuHan
惠游武汉·打卡一夏 出品©武汉市文化和旅游局

莲心苦
莲子甜
就像嫁嫁的碎碎念
莲蓬

聊一夏天吧 / Summer
武汉 in WuHan
惠游武汉·打卡一夏 出品©武汉市文化和旅游局

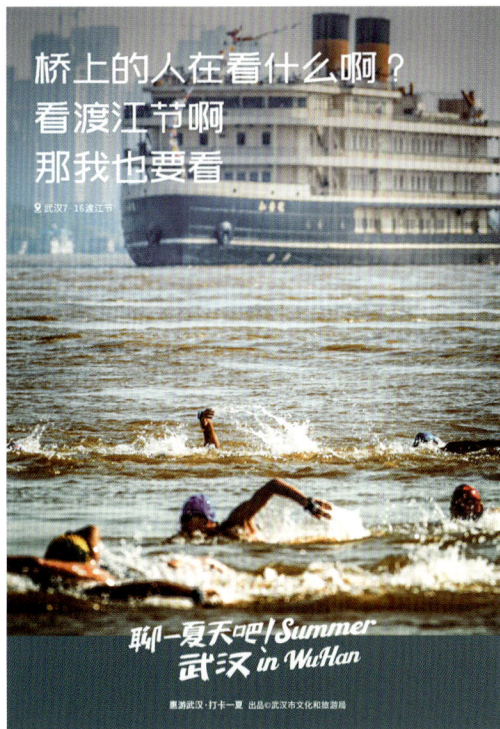

桥上的人在看什么啊？
看渡江节啊
那我也要看
武汉7·16渡江节

聊一夏天吧 / Summer
武汉 in WuHan
惠游武汉·打卡一夏 出品©武汉市文化和旅游局

等我有钱了
我要在灯光秀打出六个大字：
赵小丽，我爱你！

📍长江灯光秀

聊一夏天吧!Summer
武汉 in WuHan

惠游武汉·打卡一夏 出品©武汉市文化和旅游局

剥好一只小龙虾只用10秒
送到她嘴里
用光了梁静茹给的勇气

📍小龙虾

聊一夏天吧!Summer
武汉 in WuHan

惠游武汉·打卡一夏 出品©武汉市文化和旅游局

现在我信了
踩过了长江水
一热天都不长痱子

📍长江

聊一夏天吧!Summer
武汉 in WuHan

惠游武汉·打卡一夏 出品©武汉市文化和旅游局

案例四：

创意+社会人文：不走小情绪的RIO微醺

广告产品：RIO锐澳鸡尾酒微醺系列案例

案例网址：https://m.adquan.com/detail/10-307083

项目背景

全新RIO微醺，旗帜鲜明地提出"一个人的小酒"的品牌定位，开创独饮场景产品的细分市场。在目标消费人群上，RIO微醺聚焦于初入职场、单身或未婚的年轻群体，这些社会人处在高速成长期，他们的生活状态和RIO微醺的独处场景高度契合。在消费场景构建上，针对年轻人回到家中独处的放松时刻，RIO微醺建立起回家四部曲：回家—躺着—喝微醺—上网/放松的典型场景。

创意阐述

从周冬雨"空巢独饮万岁",再到"微醺职场社会学",RIO微醺开始将"一个人的小酒"延伸到职场场景,打破了RIO微醺以往女生小情绪的固有标签,扩大了消费者的饮用场景和新的行动力。

RIO微醺在聚焦到职场小白群体后,进行了一次角色转化:从单一的陪伴者,转化到一个群体的支持者,争取获得一个群体的情绪共鸣。

场景化植入,将品牌利益最大化

因酒本身是一个跟职场工作对立的角色,因此RIO微醺在影视剧《理想之城》中植入产品,解读角色在遭遇职场问题的时候都会出现微醺现象,创造了一个场景化的新需求:RIO微醺等于职场人的情绪出口。

影视剧《理想之城》以职场视角、大量职场真实的剧情和台词赢得一票观众的情绪共鸣,大呼:"《理想之城》晚播了十年!"因此RIO微醺抓住了这一现象:《理想之城》=职场教科书。

而最需要职场教科书的,正是职场的小白群体,抓住职场小白这个群体,就掌握了从影视剧延展到线上整合传播的密码。

以消费者角度,展现年轻人的职场观念

站在消费者的角度看职场社会学,年轻人不需要职场老炮心灵鸡汤的空泛引导,而强调

如何在职场上生存的职场社会学课，重点在这个"课"里。

因而RIO微醺另辟蹊径，选择站在职场小白的角度，让他们阐释他们对于职场的价值观，让每一位职场小白讲述自己的职场认知，给长期压抑在职场边缘的职场小白一个发泄的出口，说出自己的焦虑，也同时让更多的职场老炮看见新生代职场小白的力量。

执行实施

这是一次与剧集合作，将产品消费场景进军职场的演绎，既保留了产品的情绪质感，又通过"微醺职场社会学"展示了年轻人对职场的观念。唤醒新一代年轻人：每一代人都有自己的"理想之城"。

案例解读

（广告观察：许伯）在全新的网络驱动的社会中，让品牌脱颖而出的不只是功能维度，还更加关注其他的三个品牌维度：社会维度、心理维度和精神维度。功能维度关注的是产品和服务等方面；社会维度将品牌与社会群体结

今天加班，我很开心"我演的"

从前在职场说不出口的话，后来我把它们变成了"笑话"

跃入茫茫人海，去闪闪发光用"温柔的力量"

奔向理想之城，什么时候开始都"不算晚"

为我认可的每个观点"据理力争"是作为辩手的基本素养

不要麻木要"眼里有光"

格子间里的人心难算，但"奶茶凑单"的满减好算

凌晨三点还在聊天的好友，是"文件传输助手"

回信息又忘了加波浪号，
他们会不会觉得我"很没礼貌啊……"

"美少女战士"就是可以低头工作
但绝不会向工作低头

完成工作是一种能力，"拒绝工作"是一种超能力

合起来，并以该社会群体作为身份参考，是一群志同道合的人对品牌的认知；心理维度对品牌起着个性化解读的作用，利用为个体创造洞察力和引导力的能力，与客户建立更亲密的关系；精神维度更多地涉及品牌、产品及其服务对社会、环境、气候与人类发展的影响，寻求的是品牌对行业和社会中更高的目的或意义，彰显品牌的社会责任感。借助四个维度的延展，可以让品牌更具竞争力。

在四个维度中，功能维度是最简单的，也是最容易被竞争对手效仿的，除非有重大的产品或功能上的创新，否则功能维度上的延展并不确保品牌拥有足够的竞争力。如今我们很难发现与众不同的产品。"剩余社会有类似的很多公司，雇佣相似的员工，他们有相似的教育背景，从事相似的工作，提出相似的想法，生产类似的东西，具有相似的价格、质保和品质。"《放克公司》中的这段话道出了品牌产品相似性所带来的困境。

此项目中，RIO所在的预调鸡尾酒行业，除了添加更多的口味，换上不同的包装以外，很难有其他方面的创新。RIO一开始也是顺着这个固定思维，如果用四维品牌法解读，在功能维度上受限后，RIO选择从社会维度和心理维度上进行延展。在社会维度上，RIO利用其"独饮"的定位寻找一群志同道合的消费者：繁忙工作后需要独处的人、城市空巢青年等群体，RIO将品牌产品和这部分消费人群结合起来，增加了品牌独特的竞争力。而在心理维度上，有些消费者原本就习惯独饮RIO，当RIO不断在消费者心中强化"一个人的小酒"概念时，无疑迎合了他们对品牌的认识，这部分消费者就会成为RIO更忠实的客户。

建议：当品牌在功能维度上难以突破时，应根据消费者洞察尽可能地将其在其他维度创造惊喜，创作者会拥有更多的思考方向，为品牌创造更多的竞争力。

案例五：

创意+自然人文：植物有机，让地球更有生机

品牌/广告主：豆本豆

创意执行：ONLYLIGHT 唯有光传播

案例网址：https://www.digitaling.com/projects/205729.html

背景与目标

地球孕育生命，给人类源源不断的馈赠，世界地球日这一天，你会如何向地球表白呢？

豆本豆借势地球日热点，通过讲故事的方式"问候"地球，畅叙人与自然的关系、地球和人类亲密共生的关系。在观念的转变中，我们同自然和谐共处，用科技反哺自然的品牌概念，让消费者相信豆本豆产品的优秀品质。

创意阐述

豆本豆借势世界地球日热点，推出新品"植物有机豆奶"并拍摄广告片，用特写镜头记录下植物的四季更迭，生命流转；以"植物有机"为题献诗地球，开启了植物有机生活，凸显"植物有机，让地球更有生机"的品牌主张，表达对地球的感谢。

广告片从春播、出苗、芽绿，到结荚、归圆、摇铃，再到丰收，通过植物展现的生命力量，描绘出普世价值观中大众所向往的有机生活的模样，让新品有机奶拥有自然孕育的原生营养，给予用户有机品质生活的保证；尤其是广告片中"生命破土而出，展示着向上的力量""向地球少些索取，地球将馈赠更多"的

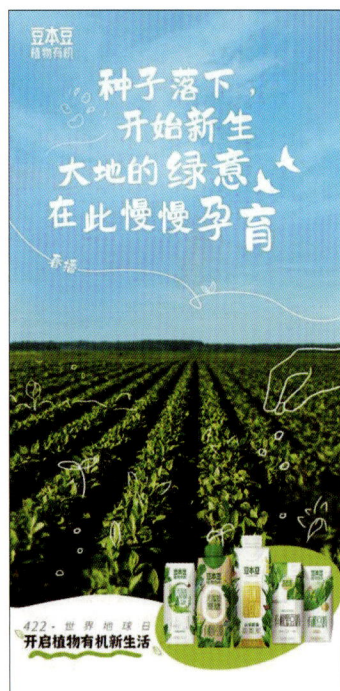

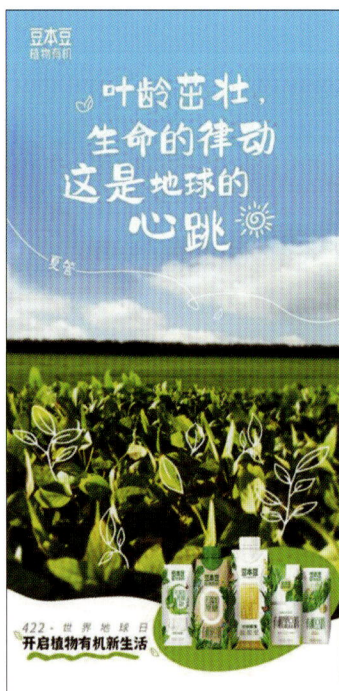

文案，传达出品牌绿色健康的生活理念，用现代科技和传统匠心延续最初纯真味道的情怀，让用户切实感受到品牌的"高价值"。

案例解读

广告的本质是沟通，豆本豆借势地球日热点，以植物有机问候地球，深度捆绑"有机"概念，以故事化方式献诗地球，吸引消费者注意力，赋能品牌，恰到好处地提升了大众之于产品品质与形象的记忆，进一步升华了品牌内涵价值。

与以往升级相比，豆本豆新产品定位首先保留和延续了豆本豆对营养的诉求和一贯重视；其次，新品牌定位更加强调"植物营养"诉求，强化大豆等植物本身的营养价值，这也就与豆本豆坚持天然不添加的理念相辅相成，强化豆本豆专注生产植物营养食品，彰显豆本豆致力消费者身体健康的产业大品牌形象。

案例六：

文案+观念创意：广告文案的力量
品牌/广告主：Midea/美的空调
广告产品：美的无风感空调
广告代理：EGGSHELL 蛋壳文化 /杭州
案例网址：https：//www.digitaling.com/projects/154917.html

背景与目标

美的无风感空调借势三八妇女节，提升女性用户对品牌的好感度。

洞察与策略

美的无风感空调强调"无风感"，避免冷风直吹，让人有更舒适的体验。而女性在社会生活中会遭受到各种不同的"风"，但是不管外面刮什么风，她敢、她信、她冲、她自成风。

从"风"的角度切入，将产品的价值点

与女性的人群洞察点相结合，在三八妇女节之际，美的无风感空调以一套海报致敬"女子风度"。

创意阐述

借助不同女性角色人物来发声，打破每位女性在社会生活中可能会遇到的"风言风语"，为女性创造"无风"环境，表达品牌对"女子风度"的敬意。

创意解读

从风感到风度，从妇女节到女性风度，主题很契合"无风感"和妇女节，有发声，有态度，很应景，立意巧妙，小制作，带来意想不到的效果。

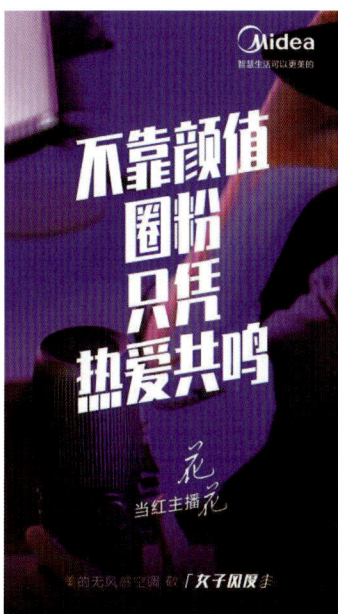

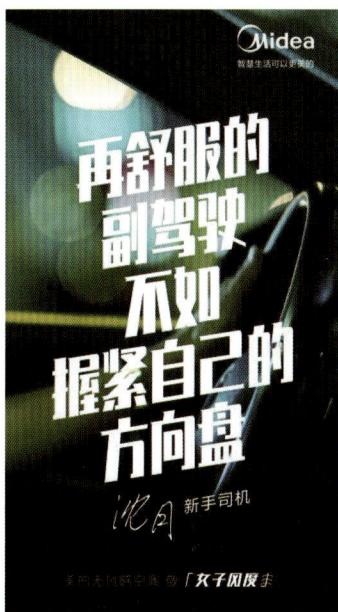

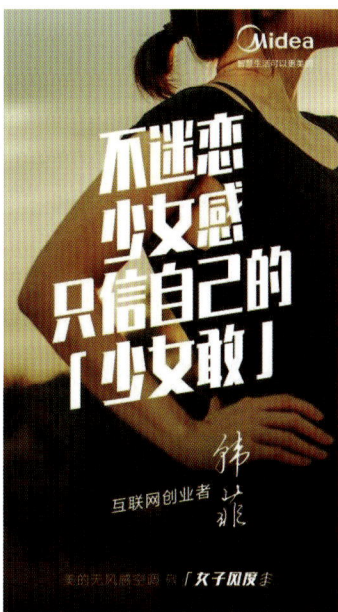

案例七：

创意+传统节日的传承与创新

中国平安：愿家家有平安 愿家国共平安

广告产品：中国平安

广告代理：上海胜加广告有限公司(葛洁)

案例网址：https：//www.digitaling.com/projects/139237.html

创作者寄语：在每个中国人心中都有一轮中国月亮，它是祝愿家庭幸福的心愿，也是护佑国泰民安的力量。所以，当中秋恰逢国庆，我们希望借助这一轮中国月亮，向全世界的每个人、每个家、每个国送出一份"遥寄平安与明月"的祝福，传递一份"守得云开见月明"的勇气。

背景与目标

"中国平安"拥有一个无比美好、温暖的品牌名，而"平安"两字饱含关怀与祝福。2020年的中秋恰逢国庆，"平安"成了每个小家、每个国家，乃至人类大家庭的共同祈望。

传播目标：我们希望用平安传递祝福、用平安输出文化、用平安关联情感，让平安伴你左右。树立中国平安温暖、信赖、真诚的品牌形象。

洞察与策略

洞察：

1. 品牌的名字，是品牌最核心的资产之一，而平安的名字，在这一年应当挺身而出。"中国平安"拥有一个无比美好、温暖的品牌名，中国平安送出的"平安"祝福在中国疫情已得到有效控制的背景下，更加意蕴深厚、触动人心。

2. "希望我们的中秋夜，也可以是世界

的平安夜"。这是一次人类命运共同体之下，温暖而善意的民间外交。国内版和海外版两个版本投放，让海外观众认识"PING AN"，并理解在这艰难的一年里，"祝你平安"是平安送出的一句最真挚美好的祝福。

3．社交传播时代，品牌的人格化被前所未有地放大。将"平安"的名字从三个层面与观众建立关联：

情感层面——"平安"关联着个人安危；

情怀层面——"平安"关联着家国情怀；

情绪层面——"平安"关联着时代焦点。

将"平安"化作更加具体可感的祝福。平安是长相陪伴的安心，是阻隔不在的团圆，是安定祥和的守护，是四海一家的友爱……与每一位观众产生共鸣，也帮助海外观众理解什么是"PING AN"。

策略：

1．以真实带来真情实感的打动。片中的桥段，都是我们所经历过的种种真实，真实的科比球迷，真实的卡车夫妻，真实的背包客，真实的热爱霍金的学物理的女孩……没有刻意的编排，真实会带来最原生的感动。

2．片中植入的平安元素提醒着我们，平安一直在身边。片中，卡车上的平安挂坠，门上的"出入平安"，给家人一句报平安的短信……这些自然而然会出现在生活里的元素，提醒着人们，其实我们和平安的感情依赖一直都在，平安就在身边。

3．从开场皮影戏可见中国平安的文化情结。开场皮影戏《嫦娥奔月》表演者是有着100多年历史的山东李家班，国家级非物质文化遗产代表性项目保护单位，他们同时也是电影《八佰》中的皮影调创作者。皮影戏为整个片子奠定了一个关于中国月亮唯美的故事基调，以及千百年来，月亮的阴晴圆缺映照人间悲欢离合的中国文化意蕴，而这也是一个中国平安文化情结的表达。

创意阐述

中秋节、国庆节双节同庆，"平安"也成了每个小家、每个国家，乃至人类大家庭的共同祈望。我们想要在合适的时间，向全世界表达适度的善意，面对这些悲伤和挫折，我们其实从来没有忘记同舟共济、守望相助，因为在我们看来，无论中国还是世界，同一轮月亮下的人们从来悲喜相通，命运与共。因此，在这个凝结了无数人、无限多美好情感的节日，我们向世界送出一份"家家有平安、家国共平安"的祝福，不仅是对"平安"品牌名称的温暖诠释，也是对"平安"企业使命的真诚表达。我们希望与亿万大众心目中的"平安"共鸣共振，让中国平安温暖、信赖的品牌形象，更加打动人心，也让全世界认识一个温暖而真诚的祝福——"PING AN"。

结果与影响

总曝光量超过6.49亿，互动量超过8.39万，视频总点击量超过2300万。

四、广告作品赏析

《讲文明树新风》/ 曾祉祎、伍芝瑾

2018年全国公益广告一等奖 /《善言 善心 善行》

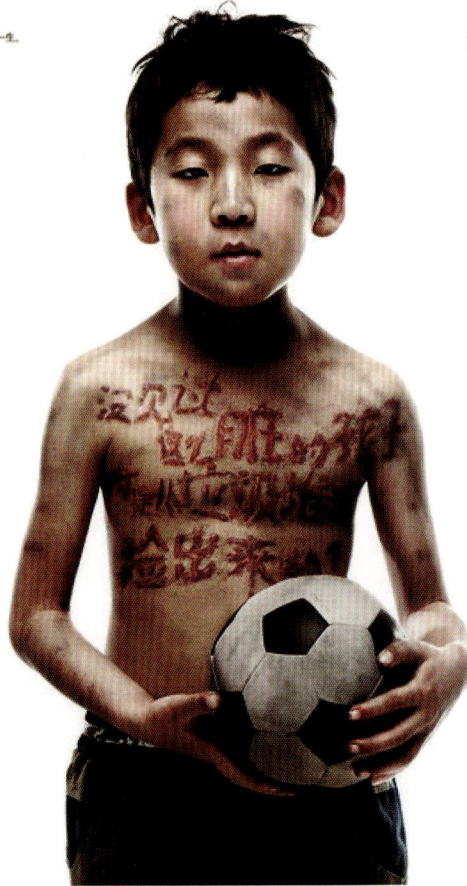

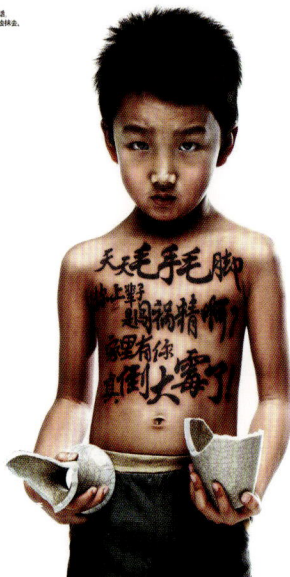

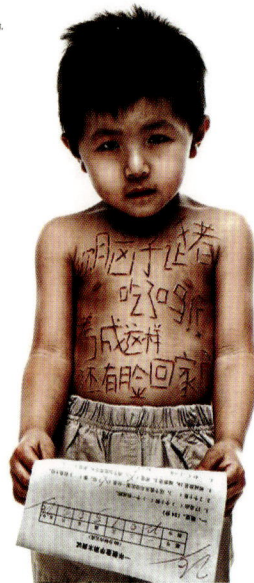

反对语言暴力

和谐社会 / 文琼

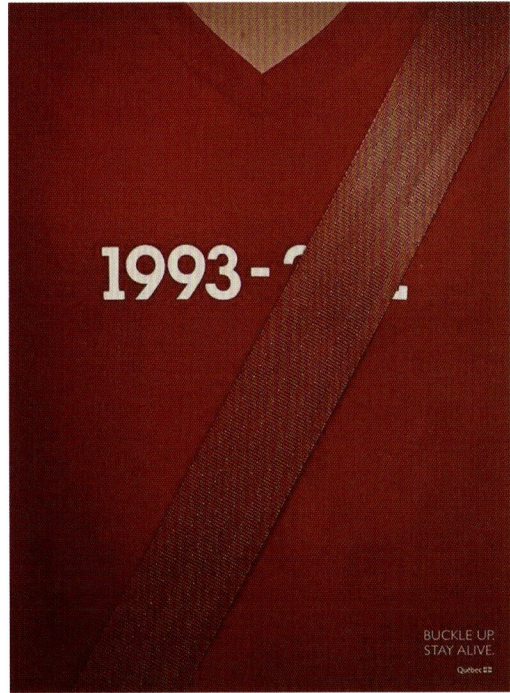

公益广告创意：系安全带得永生，提醒人们系安全带维护
生命安全

公益广告：《生命教育》 作者：许剑荣 彭婷 指导老师：曹大勇 杨显斌 刘征 赵锦星

有限生命，无限奇迹：
用心生活，未来不是梦。

生命教育 / 许剑荣、彭婷

公益广告：《生命教育》 作者：许剑荣 彭婷 指导老师：曹大勇 杨显斌 刘征 赵锦星

有限生命，无限奇迹：
尊重自我，知难而进。

生命教育 / 许剑荣、彭婷

公益广告

学好本领，报效祖国
书海含青写年华

学好本领　报效祖国
书山有绿勤耕耘

第十届全国大学生广告设计大赛公益广告作品《责任与担当》/ 隆金峰、吴清颖 / 指导：赵敏

第十二届全国大学生广告设计大赛作品《哇哈哈——你的随身营养工厂》/ 张娟、李志杰 / 指导：杨姝敏

第十三届全国大学生广告设计大赛获奖作品《喜临门——梦境》/ 唐千惠 / 指导：肖忠文

"叉"到颤
翻挤 唇舌发麻 的口感触电

"叉"到麻
体验 SKINSHIP的触电

"筷"触电
感受50HZ心动触电

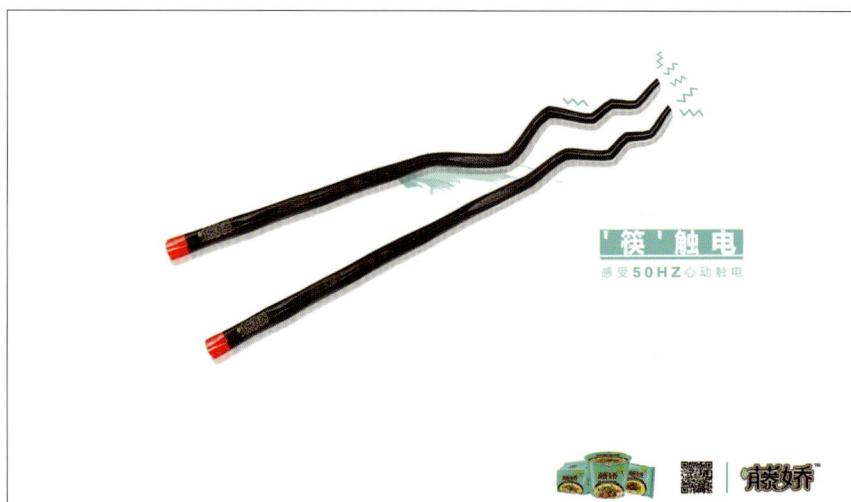

2018全国大学生广告设计大赛省赛获奖作品 / 藤娇牛肉面——"筷"触电

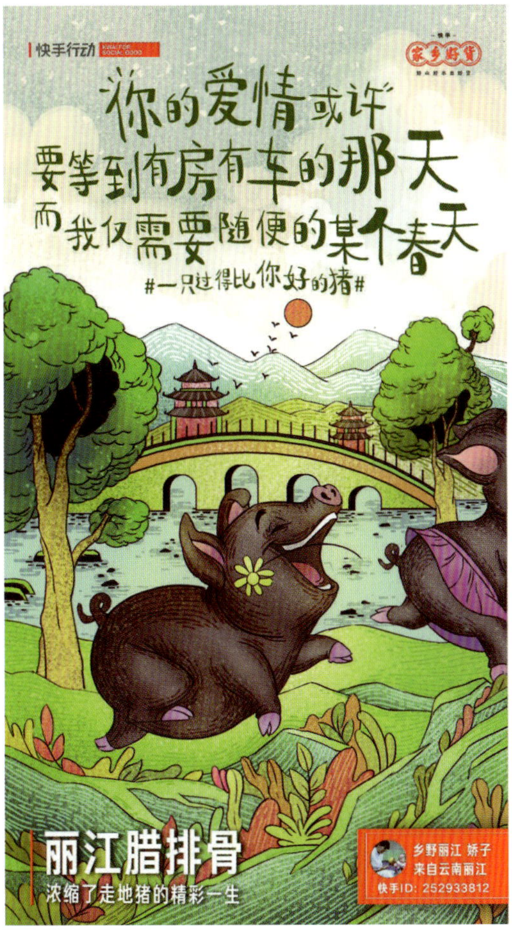

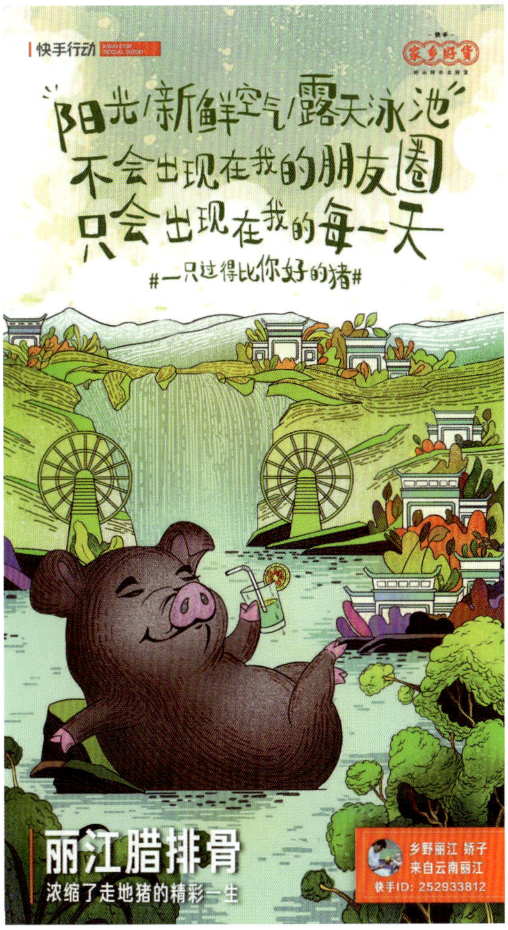

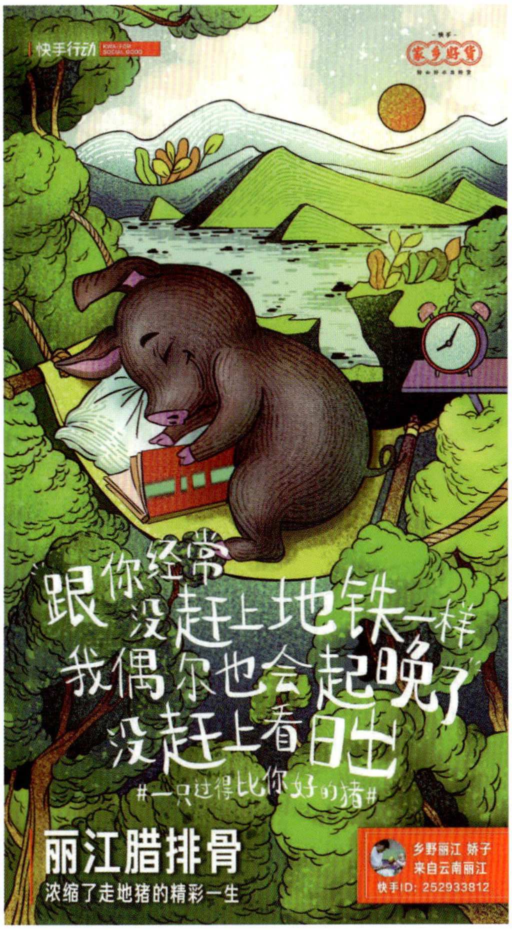

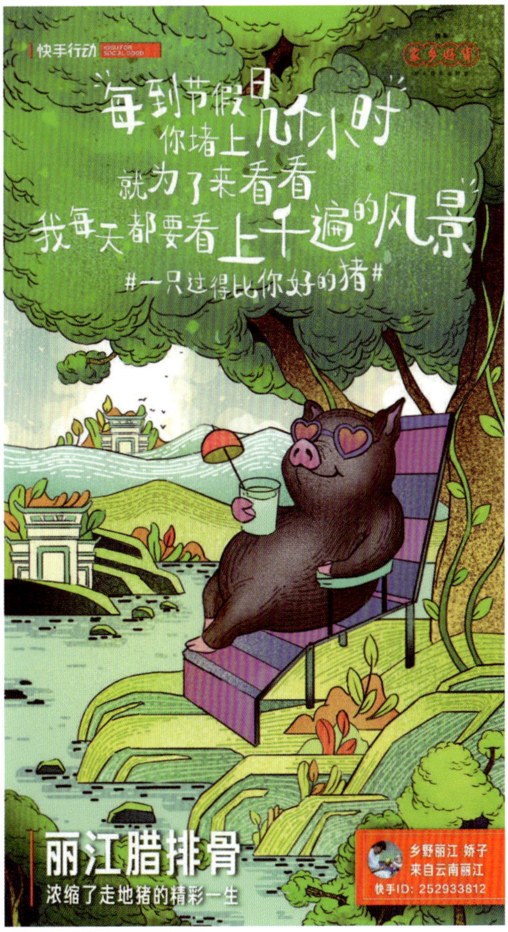

2019中国广告长城奖平面类金奖 / 一只过得比你好的猪/无二数字营销

2019中国广告长城奖 / 平面类银奖 / 富滇银行形象设计 / 昆明金楚之计文化传播有限公司

第十三届全国大学生广告设计大赛作品《云南白药养元青——一眼千年,青丝不落》/ 唐梓芸、付雅安 / 指导:周庆华

第十三届全国大学生广告设计大赛作品《喜临门——伴梦伴醒伴你成长》/ 曾祉祎、伍芝瑾 / 指导：程诚

晕车药物平面广告（1）

晕车药物平面广告（2）

晕车药物平面广告（3）

五、课后实施

以项目工作室或实训基地的实战项目为基础，收集整理一个完整的广告活动方案，分析其独特的思维与诉求特点，做到"眼要高，手要勤"，完成一份广告设计赏析报告的撰写。

六、拓展资源

广告是一种向消费者传递产品或品牌信息、树立品牌形象的传播活动，就其本身目的而言，是一种商业行为，属经济范畴，与文化并没有直接和必然的关系。但是，一则成功的广告之所以能够激起消费者购买的欲望，和它本身所附加的文化是有着必然的联系的。总的

来说，广告与文化的关系主要体现在以下几个方面。

（一）广告是一种文化行为，具有文化属性。广告是文化创作的成果，是人类智慧的结晶，体现了人类的进取精神和创造力，具有深深的文化烙印。蕴含着人类智慧和文明的广告也就自然而然地进入了文化的范畴，而且被当作商业文化的重要内容及社会文化的重要组成部分。

（二）广告反映文化。广告记录着人类的伟大创造，是社会经济、文化成果的一种展示，是人类所创造的物质文化、精神文化的反映。广告的历史不仅记录了广告的发展历程，也记载了许许多多人类创造物质文化和精神文化的成果，从一个方面展示了人类文化发展的

轨迹。因此，广告具有强烈的文化意义和鲜明的文化属性。

（三）广告传播文化、影响文化。广告是一种文化传播载体，广告的内容及形象表现中蕴含着各种知识、文化和价值观念。随着社会的发展，广告中的文化因素越来越突出。很多广告不仅诉求产品的使用价值，还介绍与产品相关的科学知识、生活常识，传播先进的生活理念，展示现代生活方式、生活常识，描绘理想生活蓝图，推介国际、国内的消费时尚等。可以说，广告所传播的文化内容广泛、形式多样，几乎无所不包。由于广告极强的普及性，所以广告深刻地影响着社会文化。

（四）文化赋予广告强大的生命力。人们常说"言而无文，行之不远"，广告也是如此，广告中的"文"其实就是文化。文化之所以能赋予广告强大的生命力，其主要原因就在于人的文化需要文化认同。在某种程度上我们甚至可以说，理解了文化，也就理解了人。

如今，传播已经进入了一个以受众为中心的新时代，任何一种心理模式都根源于一种文化。当一个民族的道德观、价值观被确定之后，社会的心理状态随之也被确定了下来。对于广告受众来说，他们的心理构成及影响其变化的因素可能有很多，但这一切都逃脱不了传统文化的侵染。所以，创意必须符合接收者的传统文化习惯和深层的民族心理。

随着社会的发展和人们需求的变化，广告已经从功能竞争时代进入文化竞争时代，广告文化创意的竞争被摆在了越来越重要的位置。越来越多的产品开始借助广告的文化附加值来开拓市场、获取利润，很多产品(品牌)也因此获得了成功。

【网络资源推荐】

微知库：http://csmz.36ve.com/

中国大学MOOC（慕课）：https://www.icourse163.org/

智慧职教：https://vocational.smartedu.cn/

【学习书籍推荐】

[1] 张正学，段兰霏.《影视广告案例解析》，中国传媒大学出版社，2020.07.

[2] 刘磊，陈红.《品牌广告案例赏析》，南京大学出版社，2019.09.

[3] 陈培爱.《世界广告案例精解》，厦门大学出版社，2021.10.

[4] 葛在波.《广告文化研究》，厦门大学出版社，2018.06.

【课后素质拓展】

创意+艺术、策划+公益、文案+文化、设计+美学。

实地考察或线上收集不符合法律法规的广告案例，并进行修改再设计，形成案例分析报告，请3～5位同学进行课堂分享，培养学生遵纪守法的广告职业素养。

参考文献

[1] 马里奥，普瑞根．广告创意完全手册[M]．初晓英译．中国青年出版社，2005．

[2] 孙宇彤．媒体融合背景下广告传播渠道拓展与创新[J]．新闻研究导刊，2021．

[3] 栾海涛．媒介融合背景下的电视新闻栏目创新研究[J]．记者摇篮，2021．

[4] 诺曼．设计心理学[M]．梅琼译．中信出版社，2003．

[5] 陈祝平．品牌管理[M]．中国发展出版社，2005．

[6] 舒咏平．品牌传播策略[M]．北京大学出版社，2007．

[7] 李劲．情感化品牌设计[M]．中国市场出版社，2007．

[8] 吉姆·艾奇逊．卓越广告[M]．张红霞译．北京大学出版社，2005．

[9] 胡川妮．品牌广告塑造[M]．中国人民大学出版社，2004．

[10] 韩飞．校园廉洁公益广告传播的制约因素与创新策略[J]．湖北职业技术学院学报，2020．

[11] 王同宇．媒介融合背景下视听节目的创新发展研究[J]．新闻研究导刊，2020．

[12] 方迎丰，袁琳．影视广告设计[M]．湖北美术出版社，2005．

[13] 郑应杰．现代设计美学——广告设计美学[M]．哈尔滨：黑龙江科学技术出版社，1998．

[14] 邹阳阳．媒介融合视阈下新闻传播实践课教学设计与创新研究[J]．声屏世界，2020．

[15] 公益广告制播联盟成立多家省级卫视入列．光明网，2019．

[16] 公益广告海报．非凡图库[M]．2019．

[17] 周南燕．现代广告词典．朝阳堂文化事业股份有限公司，1996．

[18] 中国广告杂志社．中国广告案例年鉴[M]．上海：东方出版中心，2005．

[19] 潘大均．发展公益广告事业的若干思考．北京商学院学报，1997．

[20] 曾钢．论商业广告设计的表现形式．商场现代化，2008．

[21] 李巍．旋转创意魔方——现代广告创意的魅力[M]．重庆大学出版社，2003．

[22] https://www.digitaling.com/articles/数英DIGITALING

[23] http://www.chinaciaf.org/中国国际广告节

[24] http://www.emkt.com.cn/中国营销传播网

[25] http://www.cnad.com/中国广告网

[26] http://www.pad.gov.cn/中国公益广告网

[27] https://wiki.mbalib.com/MBA智库百科

[28] https://baike.baidu.com/百度百科

后　记

在当代设计教学中，学校或教师的时代意识是十分重要的。所谓"时代意识"就是应该具有这个时代的设计教育理念，这不仅涉及从时代的角度去认识与了解当今世界范围内的设计教育状况与趋势，更关系到如何用适宜于这种需要的知识结构去进行设计教育。

本书编写团队对设计教育有着共同的热情与敬畏，因为这是一个崇高与神圣的职业。根据我们十几年在艺术院校的学习与教学经验，以及对行业发展状况的了解，根据时代精神与业界工作能力要求，力求在原有课程教学结构基础上进行整合分析，针对具体授课对象的学习情景，更新课程的知识结构，突出广告设计项目认知和实践服务。为此，我们参考并列入了校内外许多专家同行已经发表的典型案例与研究成果，由此来表达我们对广告设计课程的最新认识，在此表示真诚感谢。

坦诚地说，广告设计是一种商业性的工作，有目的性的创作灵感是广告活动的核心，我们希望本书列举的优秀商业案例所说明的广告基本原理能够激发学生们的创作底蕴。诚然，学生们很聪慧，思想很活跃，信息来源渠道广阔，也很努力。他们需要好的引导，需要符合于这个时代的知识养料和价值观的认同。也许，这正是我们做教师的应该为他们提供的。

图书在版编目（CIP）数据

广告设计 / 曹大勇，林晓峰主编；赵敏，彭嘉骐，
王健雄副主编． — 沈阳：辽宁美术出版社，2022.9
ISBN 978-7-5314-9229-0

Ⅰ．①广… Ⅱ．①曹… ②林… ③赵… ④彭… ⑤王
… Ⅲ．①广告设计 Ⅳ．①F713.81

中国版本图书馆CIP数据核字（2022）第166441号

出 版 者：辽宁美术出版社
地　　址：沈阳市和平区民族北街29号　邮编：110001
发 行 者：辽宁美术出版社
印 刷 者：辽宁一诺广告印务有限公司
开　　本：889mm×1194mm　1/16
印　　张：12
字　　数：150千字
出版时间：2022年9月第1版
印刷时间：2022年9月第1次印刷
责任编辑：罗　楠
装帧设计：彭伟哲　王艺潼
责任校对：郝　刚
书　　号：ISBN 978-7-5314-9229-0
定　　价：78.00元

邮购部电话：024-83833008
E-mail：lnmscbs@163.com
http：//www.lnmscbs.cn
图书如有印装质量问题请与出版部联系调换
出版部电话：024-23835227